LE MASQUE
Collection de romans d'aventures
créée par
ALBERT PIGASSE

LES FERRETS SONT ÉTERNELS

Né à Paris où il demeure toujours, Olivier Seigneur fait des études de droit puis s'intéresse à l'histoire et à la littérature ainsi qu'à la civilisation chinoise. Précédé de plusieurs livres pour la jeunesse, son premier roman, *Des lapins et des hommes*, a obtenu le Prix Cognac en 1994.

Olivier Seigneur

LES FERRETS SONT ÉTERNELS

Librairie des Champs-Élysées

AVERTISSEMENT

N'eût été une erreur de quelques jours, six exactement, la vérité aurait pu demeurer ignorée à jamais. Résumons. Du reste, l'histoire est bien connue. En cet automne 1625, Louis XIII, jeune monarque de 24 ans, règne sur le plus beau royaume du monde depuis que l'assassinat de son père Henri IV l'a porté sur le trône des lys. Le jeune roi, d'humeur mélancolique, a confié l'essentiel du pouvoir à Jean-Armand du Plessis, cardinal et duc de Richelieu.

Doté d'une suprême intelligence, fort d'une ardente volonté, le prélat gouverne la France d'une main de fer, se défiant tout à la fois des Anglais, des Autrichiens et des Espagnols. Mais une suspicion sourde ronge Richelieu nuit et jour : la reine Anne, née d'Autriche, la propre épouse du roi Bourbon, n'entretient-elle pas, avec son frère le roi d'Espagne et son parent l'empereur, une correspondance qui contrecarre bien souvent la politique du prélat ?

Le cardinal est d'autant plus désireux de démontrer au roi la félonie supposée de la reine que l'exquise princesse, femme délaissée dont les manières raffinées, le teint et la blondeur sont réputés dans toute l'Europe, a maintes fois repoussé ses avances...

Et en l'absence d'un dauphin, plus difficile encore est la position de la jeune reine que le cardinal fait espionner jour et nuit. La belle Anne est à ce point surveillée que l'on a peine à croire qu'elle ait pu trouver le moyen de s'abandonner quelques instants auprès du fougueux duc de Buckingham, le favori de Charles Ier d'Angleterre, dont le cœur s'est enflammé à la vue de l'émouvante souveraine.

Chacun connaît le stratagème diabolique mis au point par le cardinal pour confondre la reine. Le prêtre perfide suggère au roi son maître de convier la souveraine au bal que les échevins de sa bonne Ville de Paris donnent quelques jours plus tard. Anne doit y paraître en habit de cérémonie et parée des douze aiguillettes, ornées de ferrets de diamant, que le roi lui a récemment offertes :

– Vous paraîtrez à ce bal ?

– Oui.

– Avec vos ferrets ?

– Oui.

Mais les ferrets, Richelieu le sait bien, sont à Londres. En effet, quelques heures auparavant, Buckingham, ébloui, n'a pas hésité à rejoindre Anne jusque dans ses appartements du palais du Louvre. Par amour pour le fringant Britannique tout autant que pour le conjurer de partir, car, dans l'ombre, rôdent les sbires du cardinal, la reine, en un geste inconsidéré, a offert les ferrets à son soupirant. Ce dernier a regagné son pays, avec les douze joyaux.

Cette fois, la reine est perdue ! Non, car Anne d'Autriche, grâce aux conseils de sa lingère, Constance Bonacieux, confie une mission délicate à l'ambitieux Charles de Batz-Castelmore, dit d'Artagnan. Celui-ci, pour n'être pas encore mousquetaire n'en est pas moins déjà amoureux, du moins le croit-il, de la délurée servante. Il accepte de partir aussitôt pour l'Angleterre. Sa mission ? Galoper, à bride abattue, jusqu'à Londres, trouver Buckingham, lui remettre une lettre de la princesse et rapporter, sans attendre, les douze bijoux à Paris. Le sort de la reine de France est entre les mains du jeune cadet de Gascogne...

La suite est connue : d'Artagnan, secondé de main de maître par les mousquetaires Aramis, Porthos et Athos, parvient sans trop d'encombres à rapporter les ferrets à temps. Prêt à accomplir de nouveaux exploits. Et à conquérir ses galons de mousquetaire.

Telle est, du moins, la version qui prévalait jusqu'à présent puisque les Mémoires d'Athos, plus connues sous le titre Les Trois Mousquetaires *constituaient la seule et principale source de documentation, et de référence, en la matière.*

Oui, mais voilà : l'auteur de ces « mémoires » était fâché avec la chronologie. En effet, selon ce récit, c'est le 20 septembre 1625 que le roi Louis XIII demande à la reine de porter ses aiguillettes et ses ferrets pour le bal du 3 octobre. Et c'est ce même 20 septembre que d'Artagnan est investi de sa périlleuse mission, ce qui laisse en principe au jeune homme douze jours pleins pour rapporter à ladite reine lesdits ferrets. Ce dernier se met d'ailleurs en route dès la nuit suivante. Or, si l'on s'en tient à la relation qui est ensuite faite du voyage du Gascon, son périple ne dure que six jours, soit moitié moins que ne le laisse supposer la simple lecture d'un calendrier...

Le mystère est néanmoins très simple à élucider. Charles d'Artagnan, tout à sa hâte et à son émoi, s'est employé à bâtir, de son vivant, sa propre légende. Légende dont il a pris soin, en contant ses aventures à son ami Athos qui les a ensuite retracées dans ses mémoires (1), *d'ôter tout ce qu'il estimait susceptible d'y porter ombrage. Car, en travestissant la vérité de la sorte, l'émissaire de la reine Anne entendait, par-dessus tout, cacher à jamais un secret effroyable, monstrueux, abominable. Un secret que, pour rien au monde, ni ses contemporains ni même les générations futures ne devaient jamais connaître. Peine perdue. Car les ennemis du jeune Gascon avaient pris soin, de leur côté, de rédiger la relation exacte, preuves certifiées par l'Église à l'appui, de l'affaire des ferrets de la reine, ces bijoux célèbres pour l'éternité.*

(1) *En effet, on peut lire dans la préface du livre* Les Trois Mousquetaires *que cet ouvrage, publié pour la première fois en 1844, est en fait constitué des* Mémoires de M. le comte de la Fère, *véritable nom d'Athos.*

La sage-femme s'est débattue comme une véritable diablesse. La bougresse ! A force de mettre des enfants au monde, elle possédait des mains aussi robustes que celles d'un boucher aviné parvenu au faîte de sa dextérité. L'homme a bien cru ne jamais parvenir à l'étrangler, et puis, il a failli se laisser émouvoir, il n'aurait d'ailleurs jamais cru être amené à éprouver la moindre hésitation avant de tuer celle qui l'a autrefois extirpé des entrailles maternelles. Mais bon, après son père, étouffé durant son sommeil, et puisque sa mère est morte en couches en donnant naissance à une fillette mort-née, sans doute cela vaut-il d'ailleurs mieux, la sage-femme était l'ultime personne à détenir la vérité. Et l'homme ne pouvait la laisser en vie plus longtemps, car elle aurait pu le rencontrer, l'observer suffisamment longtemps pour le reconnaître et, ensuite, parler. Cela, il ne le fallait à aucun prix.

– Et cette auberge, où est-elle ?

La vieille femme indique, du bout de sa béquille, la gargote où le soldat pourra dormir cette nuit, enfin, si les hurlements du vent lui en donnent le loisir. Parce que, ajoute la vieille sans dents, lorsque la mer se fâche la nuit du Saint-Sans-Tête, seuls le naufrage d'un navire et la noyade de tous ses passagers peuvent calmer le vent qui gémit. La mendiante regarde le militaire et se gratte le ventre, mais pas aussi fort qu'elle le voudrait, parce qu'avec toutes ces hardes superposées, ce n'est pas chose facile.

– Et pour y aller ?

A la sortie de la ville, le soldat n'a qu'à prendre la route du vieux cimetière, qui part derrière cette carcasse de vache foudroyée net avant-hier.

La vieille rit. Et cette pluie qui trempe les os... D'Artagnan suffoque sous les bourrasques qui se jettent de front sur lui et sa monture, il ferme les yeux, il lui faut reprendre son souffle.

– Et le chemin du cimetière ?

La vieille a disparu. Mais la tourmente semble vouloir marquer un moment de répit. Elle laisse au soldat le temps d'apercevoir une lueur. Pourquoi faut-il donc que la tempête se déchaîne aujourd'hui et empêche ainsi tout navire d'appareiller ? Le soldat se retourne vers son cheval qui tremble de froid peut-être, de peur aussi, sans doute, et le saisit par la bride. L'homme et la bête plient sous une bourrasque plus violente que les autres. L'eau tombe à seau, embourbe la terre, coule, sous ses vêtements trempés, tout le long du corps du militaire transi.

Enfin, là-bas, apparaît un long bâtiment, l'auberge dite de *La Reine Morte*. Ce nom, quel désagréable présage, pense d'Artagnan qui soupire. Il était temps, l'envoyé est à bout de forces, et la tempête se réveille. Vite, l'émissaire de la reine doit se hâter. Une girouette bat dans la bourrasque, que le militaire a tout juste le temps de distinguer entre deux rafales, c'est une figure de fer forgé, tarabiscotée, grotesque, une dame couronnée qui repose sous un catafalque. Un signe du destin ? La reine Anne est-elle promise au déshonneur et, si sa faute est prouvée, au châtiment suprême ? Sera-t-elle enfermée dans un couvent obscur et humide, peuplé de nonnes malpropres et sournoises ? D'Artagnan a peur. La providence a-t-elle voulu cette halte forcée, dans ce port battu par l'ouragan, pour dissuader le militaire de mener à bien la mission que sa souveraine lui a confiée, parce que toute cette entreprise est promise à l'échec ? Non, d'Artagnan n'est pas superstitieux, le serait-il, au demeurant, que son désir, impétueux, de donner tort à la fatalité serait le plus fort et l'inciterait au contraire à poursuivre, à aller de l'avant. Le reste est histoire de bonne femme.

Et sa mère, dominatrice, qui attend le triomphe de son fils, dans la grande salle du château familial, dans les collines du Béarn, d'Artagnan ne peut imaginer de la décevoir, de braver sa colère si d'aventure, il ne comblait pas les vœux qu'elle forme depuis toujours pour la réussite de son fils...

Ensuite, c'est l'aubergiste, un gros homme, à qui d'Artagnan demande une chambre. Une soupe ? propose un enfant au regard pénétrant, tapi dans un recoin sombre. Oui, avec du pain, le soldat a grand-faim. Mais pourquoi ce jeune garçon le regarde-t-il avec autant d'insistance ? et que l'on prenne soin de son cheval. C'est tout. Vite, sa chambre, d'Artagnan est exténué. Et ce jeune enfant au regard noir, à la tête un peu trop grosse, aux cheveux blonds, trop blonds, et rares, qui le fixe intensément, cet enfant qui le dévisage n'est pas comme les autres, c'est insupportable...

Peu après, le cadet aux gardes a mis ses habits à sécher devant la cheminée de sa chambre, devant un feu de bois trop vert qui va sans doute s'éteindre avant longtemps et, enfin, l'envoyé de la reine se laisse tomber sur son lit. Ses cuisses, sa nuque, ses bras le font souffrir. D'Artagnan a froid, il a chaud, il ne sait plus, tout est allé si vite, depuis que

Constance Bonacieux est venue le chercher. Constance. Pourquoi a-t-elle donc repoussé ses avances ? Comment une femme aussi avenante que la chambrière peut-elle vouloir demeurer fidèle à un époux si vieux et si laid, et préférer un mari âgé et replet à un jeune homme à la mine avantageuse et au ventre plat et musclé ? Le souvenir de cette rebuffade qu'il ne peut ni comprendre ni admettre blesse l'orgueil du Gascon, qui doit cesser de penser à cet incident pénible, tant il ne peut souffrir cette atteinte à son amour-propre. Cette chambrière, il aurait dû la prendre de force, comme une cantinière avinée qui s'est perdue, un soir de bataille, dans un fossé des lignes arrière.

L'on toque à la porte, c'est le garçon qui monte le brouet. D'Artagnan réprime un mouvement de dégoût.

– Comment t'appelles-tu ?

L'enfant anormal ne répond pas. De sa poche, il tire un chaton moribond, le septième depuis le début de la semaine, l'approche de son visage et lui tire les moustaches avec soin, les lèvres pincées, avec ses doigts sales et aux ongles cassés. La petite bête pousse un cri ténu, qui se perd dans le hurlement du vent. Soudain, l'enfant jette le chaton sur le sol, l'écrase du talon et s'enfuit. D'Artagnan étouffe un haut-le-cœur puis, forçant sa nature, il repousse la dépouille du petit animal dans le couloir. Le soldat doit penser, vite, à autre chose, car il lui faut manger, néanmoins, pour redonner à son corps un peu de vigueur, sa mission ne fait que commencer. Et d'Artagnan doit aussi chasser de son esprit l'image de cet enfant et de sa tête disproportionnée, de la petite bête martyrisée. Mais quelle est cette auberge, et qui demeure donc dans ce village ?

Sa mission. D'Artagnan doit se rappeler son arrivée au Louvre, son entrevue avec la reine, le voyage, organisé en hâte, avec l'aide des mousquetaires, ses amis. Son départ de Paris et sa chevauchée qui se transforme bientôt, la pluie, le vent, la fatigue aidant, en un véritable calvaire. Mais la princesse ne peut attendre, et le soldat ne peut s'arrêter. Il doit aller de poste en relais, le plus vite qu'il le peut.

Mais quelle est donc cette langueur, cet abattement soudain qui s'empare de lui, se demande d'Artagnan qui titube, presque. L'envoyé de la reine doit demeurer éveillé encore un peu, le temps de se barricader, de placer une chaise contre la porte, de vérifier que la fenêtre est bien close et que nul ne peut la forcer en escaladant la façade. Il ne peut prendre aucun risque, personne ne doit pouvoir pénétrer dans la chambre durant son sommeil, car le jeune homme a en sa possession une lettre écrite de la propre main de la reine de France, une missive dont la teneur doit demeurer inconnue de tous – même de d'Artagnan – hormis de son destinataire.

Les rafales de vent, chargées d'une humidité poisseuse, malmènent les volets qui s'entrechoquent, s'engouffrent sous la fenêtre et viennent, malgré le feu qui n'en finit pas de s'étioler, glacer l'air de la chambre. D'Artagnan doit se lever. Mais non, il ne peut plus bouger. Son esprit sombre dans un état de torpeur et s'embrouille, non, le cadet aux gardes ne peut déjà s'endormir, il doit fermer la porte. Mais l'irrépressible sommeil qui lui offre d'oublier la fatigue de la journée s'empare de son corps rompu. Dormir. Bah ! le soldat ne craint rien, ici. Personne – pas même ses amis mousquetaires, qui sont restés à Paris – hormis la vieille de tout à l'heure, ne sait qu'il a trouvé refuge à l'auberge de *La Reine Morte*. Qui donc aurait pu le suivre, au milieu de cette nuit de Jugement Dernier ? Dormir, rêver à la gloire qui l'attend, au corps de Constance Bonacieux dont il s'est vu refuser la découverte.

Pierre de Batz-Castelmore fulmine. Car c'est lui, l'aîné, qui devrait se trouver en lieu et place de son frère, Charles, c'est lui qui aurait dû quitter le château familial, nanti de la bénédiction paternelle et des encouragements de sa mère. Que son cadet, cet usurpateur, ce traître, ce fourbe, meure dans un fossé et que son corps, dévoré par les loups et les chiens errants, demeure sans sépulture. Que son foie engraisse les aigles et que son cœur soit partagé par des sorcières en route pour le sabbat.

D'Artagnan se réveille dans un sursaut. La pièce est inondée de soleil, le soleil qui filtre à travers les volets clos. Ce matin, pense le militaire, il fait chaud, et, le soldat le devine, la mer est calme. D'Artagnan contemple, dans de légers nuages de poussière, un rayon de lumière qui vient lécher la porte, la porte que d'Artagnan n'a pas eu la prudence de fermer avant de s'endormir, mais il avait tant sommeil, hier soir... D'un bond, le militaire repousse les draps froissés et se lève, puis, le geste nerveux et maudissant son inconséquence, il fouille les poches de son habit. Le soldat soupire. La lettre de la reine Anne est toujours là, et son sceau de cire rouge est intact. Vite ! Le militaire n'a que trop dormi. Il lui faut, à présent que la tempête ne se ligue plus avec le cardinal de Richelieu pour causer la perte de la plus belle de toutes les souveraines de l'Occident, prendre le premier bateau en partance pour l'Angleterre. Oui, le temps presse, d'Artagnan doit sauver la reine.

Le Gascon s'asperge le visage avec l'eau d'une cuvette de faïence ébréchée, puis il va ouvrir la fenêtre et repousse les volets. C'est la première fois que le jeune soldat voit la mer. La mer, le soleil, le souffle de la liberté et de la victoire.

Dissimulé derrière un pan de mur, l'homme attend que le cadet aux gardes ait quitté l'auberge. Il sera toujours temps, pour lui aussi, de gagner le port et de s'embarquer ensuite, dans la plus grande discrétion, lorsque le soldat sera au large. L'homme s'empresse de regagner l'auberge dont le patron l'attend sur le seuil.

– J'ai fait comme vous m'avez dit, hier soir, j'ai suivi très fidèlement vos consignes.

L'homme ne répond pas, il sait déjà fort bien que l'hôtelier a versé dans la nourriture du jeune cadet aux gardes un peu de cette potion ambrée qui a déjà fait merveille en de si nombreuses circonstances. Sans cet élixir aux propriétés si particulières, l'homme n'aurait pu, cette nuit, s'introduire sans risque aucun dans la chambre de l'émissaire de la reine. Il ne serait pas parvenu, sans éveiller ce dernier, à fouiller dans son habit et à s'emparer de la lettre royale, et il n'aurait pas appris de quelle mission ce trop naïf jeune Gascon se trouve chargé, de par la volonté d'une princesse imprudente, cette catin qui doit, chèrement, payer sa traîtrise, son inconduite. Bien sûr, après avoir reconstitué le sceau brisé de la souveraine, un jeu d'enfant, l'homme aurait pu aisément tuer d'Artagnan, mais il a préféré laisser ce dernier accomplir sa mission et détourner les périls qui s'amoncellent déjà. L'homme aura tout le loisir, le moment venu, de s'emparer de ce qu'il convoite.

– Tiens, voilà pour le prix de tes services.

L'aubergiste s'empresse d'ouvrir la bourse que l'homme a jetée sur la table de chêne noir. Fiévreux, il en compte les pièces, mais, très vite, s'emporte. Cette somme ne le rembourse pas de la cire à cacheter que l'homme lui a demandé d'aller chercher après minuit ! Le voyageur ne sait-il donc pas que le logeur a dû, pour ce faire, marcher, sous cette pluie du diable, jusque chez le notaire de la ville, alors en galante compagnie ?

C'est juste, l'homme en convient, il avait oublié cela. En effet, le zèle de l'aubergiste mérite davantage que ces quelques pièces. Le voyageur se détourne de son hôte et, soudain, d'un grand geste, rejette la lourde cape qui l'enveloppe et porte la main à son épée. Les supplications de l'aubergiste ne sont d'aucun recours face à la détermination froide de l'homme. Le patron de l'auberge de *La Reine Morte* regarde autour de lui. Nulle issue. Alors, le cabaretier ouvre la bouche, il va crier, on va l'entendre, le gâte-sauce, sa femme, un voisin va accourir et le secourir. Mais l'homme est déjà sur lui.

L'hôtelier tombe raide mort, au milieu des caisses de légumes qui encombrent la dépense. Une croix zèbre son visage. Mais déjà, l'homme n'accorde plus aucun intérêt à sa victime. Le tueur cherche, avec frénésie, sur les étagères de la cuisine. Il lui faut le retrouver ! Comment a-t-il bien pu oublier de demander à l'aubergiste, avant de lui passer sa lame au travers de la gorge, de lui redonner le flacon ? L'homme fouille et met sens dessus dessous l'obscure souillarde, écarte et jette sur le sol des plats enduits de graisse, des jarres et des cruches de grès grossier. Il fait du bruit, mais l'auberge est vaste et la pièce est reculée, l'homme l'a remarqué, et personne ne peut l'entendre. Et quand bien même ce vacarme intéresserait-il quelqu'un, l'homme est prêt à se servir une nouvelle fois de son épée.

Pas de flacon. Le temps presse, tant pis pour la petite bouteille, d'ailleurs, l'homme sait comment distiller, à peu de frais, encore un peu de cet élixir, si besoin est. Alors, le tueur s'approche de sa victime et se penche au-dessus du corps replet et sans vie, puis essuie avec soin sa lame sur le tablier de l'aubergiste. Sous l'œil intéressé du jeune garçon blond, à la tête trop volumineuse, qui a hâte d'aider le curé à servir la messe, dimanche prochain, après avoir versé le contenu du flacon, déjà caché sous son pauvre grabat, dans le vin consacré. L'enfant réprime un sourire car, peut-être, si la chance est de son côté, il parviendra même à mêler un peu de poudre de chaton séché à la pâte à hostie. Ce serait encore plus drôle.

Louise-Félicité est radieuse. Elle est particulièrement contente, enfin, après tant et tant de voyages, d'épreuves et d'humiliations, de loger au Louvre, ce palais si élégant, si grand et si plein de belles choses, cette résidence somptueuse où la nourriture est exquise, les fêtes étourdissantes et la vie facile. Oui, si ce n'était cette chaîne en or qui la bride, cette existence serait douce, pour la malheureuse exilée. Surtout, Louise-Félicité est tellement heureuse de demeurer si près de son héros, son prince, son paladin, le roi Louis XIII en personne, dont les appartements sont là, à ce point proches que si Louise-Félicité le voulait, ou, plutôt, si elle en avait le droit, elle pourrait s'y rendre en quelques instants. Ah ! le doux rêve, aller trouver Sa Majesté, prendre le monarque par la main, tout simplement, et l'assurer de son admiration déférente, lorsque ce roi mélancolique soupire et s'ennuie, seul, la nuit venue. Oui, Louise-Félicité saurait, elle, comment s'y prendre pour redonner le goût de vivre à un roi neurasthénique qui ne trouve ni aide ni réconfort auprès d'une épouse en tous points indigne de lui.

Le bateau longe les falaises de Douvres, il va bientôt accoster. Tous les passagers se trouvent déjà sur le pont, sauf d'Artagnan. Le soldat ouvre un œil. Enfin, ce navire va s'arrêter de bouger, de remuer, de rouler, oui, le bateau semble reprendre son assise, sa vitesse se fait moins rapide. Le cadet aux gardes se dresse sur le bat-flanc, essuie ses lèvres. C'est donc fait de cela, une mission secrète effectuée au service de la reine de France, ce n'est donc qu'une suite de malaises qui prennent le Gascon par surprise et le laissent chaque fois plus faible qu'avant ? Mais à présent, le jeune militaire doit être le premier à quitter le bateau, pour gagner, le plus vite possible, la demeure du duc de Buckingham. Enfin, s'il n'éprouve pas un nouveau malaise.

Le soldat parvient à se lever, avec l'aide du matelot qui a hâte de pouvoir laver l'entrepont souillé par le militaire.

– Mais quel est ce chant qui soudain s'élève ?

Le marin veut, par-dessus tout, que le Gascon quitte le bateau et s'en aille au plus loin, il entend encore les gémissements et les plaintes que le soldat n'a cessé de faire entendre durant toute la traversée. Et puis, il y a cette odeur. Alors, vite, le matelot explique : c'est Angélique de la Colombe, une jeune huguenote qui voyage avec sa vieille mère malade, elle chante des cantiques pour remercier le Tout-Puissant de l'avoir menée à bon port.

Une jeune fille ? demande le militaire. Seule, l'évocation d'une femme pouvait tirer le soldat de sa torpeur. Le marin n'est pas un sot et sait ce qu'il doit faire pour que ce militaire ne demeure pas un instant de plus sur le bateau. Alors, le matelot fait semblant de ne pas avoir entendu, il ne répond pas au Gascon, qui ne manquerait pas de poser de nouvelles questions. Surtout, il ne doit pas dire au militaire que la pieuse créature a raconté au capitaine sa triste vie par le menu. Car Mlle de la Colombe a longtemps expliqué, dans un récit coupé de maints sanglots, comment sa famille, de très ancienne et très noble origine, a été ruinée durant les guerres de religion, parce que son père, un des plus fidèles compagnons du feu roi Henri, n'a pas su s'enrichir, tout occupé à faire montre de bravoure et de fidélité. La jeune fille a précisé de quelle manière, à sa mort, la veuve et l'enfant se sont retrouvées sans aucune ressource, et pourquoi, afin de ne pas demeurer à la charge d'un parent éloigné, les deux femmes se sont retirées dans une affreuse masure qui constituait tout leur bien et où elles ont mené, recluses, une vie misérable, faite de privations et de prières. Enfin, la jeune Angélique a raconté au capitaine, qui commençait à ne plus savoir que dire ni que faire pour se débarrasser de l'importune, quelle étrange circonstance, il y a quelques semaines, a fait que la malheureuse a entendu l'appel de Dieu et s'est alors mis en tête de convertir les Indiens de l'Amérique et de leur dévoiler les mystères de la religion réformée. Et, pendant que le capitaine sentait la tête lui tourner, Angélique a précisé que, une fois débarquée sur le sol anglais, elle entendait aussitôt trouver à s'embarquer de nouveau sur le premier bateau en partance pour le Nouveau Monde.

Le fameux voleur masqué de Londres, celui que recherchent depuis longtemps les soldats du roi Charles Ier d'Angleterre, réprime un frisson. Dans les reflets scintillants, il voit, décidément, trop de peur, de larmes et de sang. Alors, il préfère replacer le coffret de bois de rose, au chiffre de la reine de France et de Navarre, dans le secrétaire du duc de Buckingham. Le bandit ne sait pourquoi, mais dans ces bijoux, les plus beaux qu'il lui a été donné de voir, bien qu'il soit parvenu, en déjouant mille pièges, à les approcher, il préfère ne pas les dérober. L'on vient, vite, dans ce passage.

Dans la cabine voisine, l'homme remet de l'ordre dans sa tenue, ensuite, il redresse la chaise qui est tombée durant le bref combat qui l'a opposé au jeune mousse, alors que le navire se trouvait à mi-chemin des côtes françaises et anglaises. Bien qu'il l'ait tué sans se poser la moindre question, l'homme ne peut s'empêcher d'avoir une pensée pour ce malheureux enfant dont la vie n'a été qu'un enchaînement de brimades, de privations et de punitions. Oui, après tout, l'homme n'a fait qu'abréger une vie de misère, habitant, mais si peu, un petit corps mal nourri et dont l'envie d'exister était, peut-être, déjà parvenue à son terme. Comment expliquer, d'ailleurs, que le mousse se soit si peu défendu, comme si, depuis longtemps, il s'était résigné à connaître un tel sort ? Pauvre adolescent, de qui il ne lui a pas été très difficile de venir à bout. Quoique celui-ci n'en soit certes pas à son premier meurtre, il gardera en mémoire, sans trop savoir pourquoi, le regard de ce garçon trop blanc, trop frêle, mort trop jeune, sans avoir jamais eu le temps ni l'occasion d'aimer et d'être aimé.

Allons, peste soit de la mélancolie, l'homme ne pouvait prendre aucun risque. Qu'il soit entré par mégarde ou dans le but de commettre quelque chapardage, le jeune matelot n'aurait pas dû se montrer si curieux et inciter l'homme, qui ne pouvait deviner que le mousse était sourd-muet, à le trucider.

Le meurtrier ne sait s'il existe un dieu pour les assassins, mais il s'en laisserait volontiers convaincre. Car c'est presque par hasard, grâce au sursaut causé par la découverte, dans son habit, d'un chaton crevé, que l'homme s'est aperçu à temps de la présence du matelot derrière lui.

– Enfin, de quels ferrets me parlez-vous donc, monsieur d'Artagnan ?

George Villiers, duc de Buckingham, tout-puissant favori de Sa Très Gracieuse Majesté le roi Charles Ier d'Angleterre, ne comprend rien à la requête du jeune cadet aux gardes. Et tout d'abord, quelle est cette violence que celui-ci a déployée depuis qu'il est entré dans la demeure ducale, car, partout, ce n'est que ruine et désolation ! Le militaire français se croit-il revenu au temps du sombre et funeste règne de la triste Marie Tudor ?

Le jeune Gascon proteste, il implore Sa Grâce de bien vouloir croire que d'Artagnan n'est pour rien dans tout ce tumulte.

Comment cela ? Le cadet aux gardes n'a-t-il pas défié, sitôt arrivé, l'honorable Percy Badmington, le premier écuyer du duc ? Ne vient-il pas de se battre en duel avec lui ? Les barbiers et les chirurgiens ne se pressent-ils pas, en ce moment même, au chevet de l'infortuné estropié ? Le duc entend d'ici le malheureux jeune homme couiner comme un agneau gras le jour de la foire de saint Pancrace. D'Artagnan proteste : son adversaire n'est que très légèrement blessé ! Tout au plus le Français l'a-t-il égratigné au bras.

Que l'émissaire de la reine Anne s'explique, et sache convaincre le favori du roi Charles Ier, s'il est possible.

Eh bien, à peine le cadet aux gardes est-il entré dans la cour du palais qu'il est allé attacher son cheval près de la monture que Percy Badmington, venu prendre son service auprès de Sa Grâce, venait de laisser là. La bête a aussitôt levé la tête avec curiosité, et s'est arrêtée de brouter l'herbe de sa mangeoire. L'instant d'après, elle s'est approchée du cheval de d'Artagnan.

Pour le moment, assure le duc, il ne voit là rien d'épouvantable.

D'Artagnan s'empourpre. Il bafouillerait s'il n'était pas sûr de son bon droit. Que Sa Grâce comprenne, la bête a commencé à se frotter contre son cheval !

Oui, poursuit le Gascon, l'animal a entrepris de caresser de ses naseaux la monture de l'envoyé de la reine, de lui faire les yeux doux, de le lécher de sa grosse langue râpeuse.

Sa Grâce ne parvient toujours pas à se départir de son flegme, en dépit de l'interminable récit de son interlocuteur.

– Eh bien, y a-t-il là de quoi mettre Londres à feu et à sang ?

D'Artagnan est stupéfait, abasourdi. Enfin, de quelle manière Sa Grâce aurait-elle agi, à sa place ?

Le duc s'impatiente. Mais, par les mânes d'Edouard le Confesseur, il n'aurait rien fait, bien entendu ! Quel mal y a-t-il donc à ce qu'une jument s'intéresse à un cheval ?

D'Artagnan est très mal à l'aise. Justement ! Que le duc comprenne, dans cette histoire, il n'y a pas de jument.

– Comment cela, pas de jument ?

– Non, milord, le cheval de Percy Badmington en est un.

– Un quoi, je vous prie ?

– Un cheval.

Enfin, bien sûr que le duc de Buckingham sait que le cheval de Percy Badmington est un cheval ! Que pourrait-il penser d'autre ? Que la monture de son écuyer est en réalité l'une des gargouilles de la cathédrale de Westminster, la tisanière de la reine mère ou la réincarnation d'Hamlet, prince de Danemark, venu tout exprès d'Elseneur ? Non, vraiment, le Gascon abuse de son temps, de sa patience et de sa courtoisie ! Sa Grâce, qui en a assez, demande au Français s'il souhaite se faire rosser par ses gens avant de se faire jeter à la rue, ou s'il préfère être envoyé dans les cachots de Sa Majesté le roi Charles Ier.

– Car oubliez-vous, monsieur, à qui vous parlez ?

Certes non. Mais que Sa Grâce daigne accorder au militaire un ultime instant.

Sans doute d'Artagnan ne s'est-il pas montré assez clair, en un mot comme en cent, le coursier de Percy Badmington est un mâle, pas une femelle.

Sa Grâce saisit à présent toute l'inconvenance, l'incongruité, l'horreur de la situation. Le duc comprend l'irritation du Français. Sale affaire. Buckingham doit le reconnaître, le Gascon n'avait pas le choix, il y allait en effet de l'honneur du corps des gardes de Sa Majesté Louis XIII, roi de France et de Navarre.

Déjà, parce qu'il est doté d'un esprit vif et rapide, le duc envisage de faire expédier le cheval de son premier écuyer dans les colonies d'Amérique. Parce que c'est un joyeux noceur, Buckingham donnerait tout pour être là lorsque les ennuyeux puritains qui se sont installés là-bas verront arriver l'animal pervers.

D'Artagnan respire. Ce duc n'est pas un mauvais homme et ne saurait être tenu pour responsable de la conduite des chevaux de son premier écuyer. D'ici peu, le cadet aux gardes, nanti des douze ferrets, va pouvoir repartir, à bride abattue, vers la France, Paris, la reine et, surtout, vers Constance Bonacieux qui ne pourra se dérober plus longtemps aux avances du cadet aux gardes. Après tout, peut-être la chambrière a-t-elle bien fait de repousser les premières avances du soldat : le désir, et donc le plaisir de ce dernier, s'en seront sans doute trouvés décuplés.

Buckingham s'approche d'un guéridon de bois noir, prend une carafe, emplit deux verres de porto. Maintenant que le cadet aux gardes s'est expliqué de cet incident, peut-être va-t-il enfin pouvoir exposer l'objet de sa visite ? Parce que, demande le duc, enfin, pour l'amour du Ciel, pourquoi le soldat lui rebat-il les oreilles de ces ferrets qui ne disent rien à Sa Grâce ?

Une nouvelle fois, la chance est de son côté, ce panneau a su pivoter à bon escient. Une chance que l'homme ait pu distinguer, dans les veines du chêne, la fente imperceptible qui indiquait sans doute un accès secret permettant d'entrer et de sortir de la pièce, sans devoir emprunter la porte... Mais il y a mieux, car l'homme a vite compris où il se trouvait. Oui, ce réduit aux formes bizarres, sans fenêtres, au plafond si bas et aux murs si tortueux, tout en décrochements et en angles étranges, doit se trouver non loin du centre exact du palais de Sa Grâce. Et si ces échelles et ces escaliers dressés le long des parois ne semblent mener nulle part et s'arrêter contre des parois aveugles, l'homme comprend vite leur véritable destination. Au-dessus de ces courtes volées de marches, il a parfaitement aperçu de minuscules contrevents de bois. En ouvrant avec précaution ces volets, l'homme pourra savoir ce qui se dit et ce qui se passe dans les pièces voisines. Depuis ce véritable nid d'espion, il est ainsi notamment possible de connaître la teneur des propos qui se tiennent, là, derrière, dans les appartements de Sa Grâce.

Soudain, l'homme entend du bruit derrière la porte. Quelqu'un vient. Trahison ! Déjà, l'homme pose sa main sur le pommeau de son épée, il est prêt, s'il est nécessaire, à commettre un nouveau meurtre. Et qu'importe le nombre de cadavres qu'il lui faudra enjamber, la perte d'une reine ne saurait se mesurer au nombre d'assassinats indispensables pour sa réalisation.

Bon ! Autant mettre tout de suite les choses au point, le duc ne sait pas ce que la reine de France s'est imaginée, mais il assure le cadet aux gardes que la réalité est nettement moins passionnée et passionnante que ce que d'Artagnan vient de décrire. Certes, le duc a, à plusieurs reprises, rencontré la souveraine, et, pour ce qui est de la dernière fois, très peu de temps auparavant, quelques heures à peine. Mais de là à parler de passion..., non, que le soldat comprenne bien, la reine Anne est certes très séduisante, et le duc sait bien que le roi de France ne se montre pas très empressé auprès de son épouse. Sa Grâce a simplement décidé d'apporter quelque fantaisie à cette petite princesse, frigorifiée dans son sinistre et sombre palais du Louvre, car lorsque le favori du roi d'Angleterre a vu cette reine malheureuse, au milieu de cette cour compassée, sans éclat, mener la vie monotone qui est la sienne, il a joué les galants, a fait mine de s'intéresser à elle, c'est tout. Comment le cadet aux gardes pourrait-il penser qu'une enfant de 24 ans, une oie blanche inexpérimentée aurait pu susciter l'intérêt du duc, héritier de l'une des plus nobles familles d'Angleterre, autour de qui se pressent les plus belles femmes de son pays, voire d'Europe ? Alors, franchement, les ferrets, Sa Grâce n'y pensait vraiment plus.

D'Artagnan est abasourdi. Le duc ne paraît pas s'en apercevoir, il continue d'expliquer. A présent que Sa Grâce a précisé la nature véritable des relations qu'elle entretient avec la reine de France, elle invite le cadet aux gardes à l'accompagner dans ses appartements privés, c'est là que sont rangés les bijoux.

Le duc et le jeune cadet aux gardes sortent de la pièce et s'engagent dans le dédale des pièces, salles et corridors qui composent Buckingham Mansion, demeure d'un faste inouï. Dans les salons aux larges fenêtres, ce ne sont que mosaïques de carreaux de verre, des meubles rares à profusion, de ces nouvelles chaises à très haut dossier, à la mode, voisinant avec les élégants fauteuils sculptés du temps d'Elisabeth Ire, des commodes habillées de marqueteries, des tables et des dessertes recouvertes de faïences blanc et bleu de Southwark, des vases rapportés d'Orient et des pièces d'argenterie rutilantes. D'Artagnan est stupéfait, son cœur se serre au souvenir de son château ancestral, construction massive dénuée de charme, emplie de meubles rares et vermoulus. Et le jeune cadet aux gardes est à ce point étonné qu'il ne s'aperçoit pas des réactions que sa mise rustique suscite auprès des courtisans, très nombreux dans le palais.

Sans que le favori royal s'en aperçoive, une servante s'évanouit sur son passage : le duc est si beau, et elle est si laide, la malheureuse n'aura jamais le bonheur de connaître le duc, au détour d'un corridor obscur ou d'un escalier dérobé et désert. A l'autre bout de la grande galerie, Sa Grâce et d'Artagnan parviennent, enfin, dans le cabinet particulier de Buckingham. Sitôt entrés dans la pièce de lambris de chêne foncé, ce dernier se dirige tout droit vers un précieux secrétaire incrusté de nacre, en ouvre les portes qui laissent apparaître des tiroirs et des compartiments de toutes tailles.

Le duc se retourne vers d'Artagnan. Que celui-ci voie par lui-même, c'est là que Sa Grâce range les présents que telle ou telle dame de qualité lui offre parfois, pour lui témoigner sa gratitude.

Allons, que d'Artagnan ne demeure pas les bras

ballants, ne voudrait-il pas aider le favori royal à les chercher, ces fameux ferrets ?

Un peu décontenancé, le cadet aux gardes s'approche, et bientôt, les deux hommes fouinent, furètent et farfouillent parmi les écrins de velours, les cassettes de bois précieux et les bourses de cuir doré. Le duc met de côté les pendants d'oreille en rubis dont lui a fait cadeau la souveraine de Suède, le collier de la reine d'Espagne, les boucles de soulier de lady Brenda, duchesse de Shrewsbury, et la bague offerte par la baronne de Falmouth. Enfin, Sa Grâce aperçoit l'objet de la venue du cadet aux gardes, la fameuse boîte de bois de rose incrustée d'or, offerte par Anne d'Autriche.

– Je vous en prie, monsieur le cadet aux gardes.

Sans se faire prier davantage, le Gascon s'empresse d'ouvrir le coffret. Et si les ferrets ne s'y trouvaient plus ?

Mais c'est là une crainte inutile, le couvercle soulevé laisse apparaître, monstrueux de magnificence, un gros nœud de ruban bleu tout brillant de diamants, les ferrets de la reine de France, une splendeur scintillante.

Sa Grâce permet-elle au cadet aux gardes de regarder ces joyaux de plus près ?

– Monsieur, j'aurais mauvaise grâce.

Le cadet aux gardes prend, avec délicatesse, un des ferrets, le place dans la lumière du jour et le contemple avec admiration, et soudain, pousse un cri.

– Ah ! C'est affreux !

Oui, affreux, c'est le mot, le duc partage l'avis du cadet aux gardes. Il n'osait le dire, mais il estime, lui aussi, que ces ferrets ne sont pas du meilleur goût, en fait, il n'est pas loin de penser que ces joyaux, si coûteux soient-ils, ressemblent à de tapageuses et prétentieuses breloques, quelque chose comme la parure ornant le puissant poitrail d'un cheval de cirque habitué à marcher au pas. Aucune dame anglaise n'en voudrait. Quoique, pour un bal masqué, peut-être ?

Le cadet aux gardes semble affolé. Mais non, ce n'est pas cela ! Que Sa Grâce voie plutôt : les ferrets, il n'y en a que huit.

Oui. Et alors ? Cela ne suffit donc pas au militaire ?

Devant tant d'insouciance, d'Artagnan bafouillerait si la circonstance n'était pas grave. Enfin, lorsque le roi de France a fait don de ces présents à son épouse, il y avait douze ferrets !

Peut-être, avance le duc, la reine Anne en a-t-elle donné deux paires à un autre que lui !

Le soldat s'apprête à protester, à reprocher à Sa Grâce de porter ainsi atteinte à l'honneur de la reine, au risque d'agacer, de manière prodigieuse, le favori du roi Charles Ier. Mais d'Artagnan aperçoit, soudain, un papier plié à demi caché dans le couvercle du coffret, une lettre.

– Ah ! Milord, voyez !

D'un geste vif, Buckingham s'empare du papier, mais Sa Grâce, qui a la vue basse et n'entend pas mettre ses lunettes devant un témoin, étranger de surcroît, un Français pour ne rien arranger, préfère que le cadet aux gardes lise lui-même :

Dommage que tu aies dû m'abandonner alors que tout avait si bien commencé. Je déteste ce roi qui t'appelle à son service au beau milieu de la nuit. Pour me venger de ta soudaine désertion, je suis allée fouiller dans ton secrétaire. Tu m'as dit, un jour, que je pouvais prendre dans ton palais ce qui me plaisait. C'est fait. J'emporte avec moi quelques-uns de ces drôles de bijoux, deux paires pour être exacte.

– L'effrontée !

D'Artagnan fait alors remarquer au duc de Buckingham que le message est complété d'un post-scriptum : *Comment se porte le vieux fourneau ? Mal, j'espère...*

Le cadet aux gardes s'interroge. Le vieux fourneau, qui est-ce ?

Buckingham explique, il s'agit sans doute de la marquise Verena de Northumberland, une amie de très longue date.

Quel étrange surnom, remarque d'Artagnan qui cherche, et a beau chercher, non, il ne voit pas ce que ce surnom peut bien vouloir évoquer.

Oui, étrange et peu révérencieux, en convient le duc, mais, surtout, que le militaire français ne le répète à personne, il l'en conjure, et en tout cas, pas à la marquise.

D'Artagnan en fait le serment.

– Mais, milord, où sont donc les quatre ferrets manquants ?

– Singe Rouge.

Une insulte ? mais pourquoi, se demande d'Artagnan, à moins qu'il ne s'agisse là du surnom, ce qui serait tout de même surprenant, d'un ami de Sa Grâce. Le visage du Gascon exprime une surprise que le duc s'empresse de dissiper.

Oui, explique le duc, le Singe Rouge est une maison située assez loin d'ici, au nord de la ville.

D'Artagnan est pressé : le désir de retrouver Constance Bonacieux, la peur de déplaire à sa mère si, par malheur, ce qu'à Dieu ne plaise, il échouait, alors, le mousquetaire presse le duc de se rendre sans tarder en ce lieu.

C'est impossible, avance Buckingham qui ne peut, ni ne souhaite, pour le moment, en dire davantage. Comment le duc pourrait-il expliquer au cadet aux gardes que la présence de Sa Grâce au Singe Rouge est tout à fait hors de propos, simplement inimaginable ?

Alors, le Gascon va y aller lui-même !

Sa Grâce s'esclaffe. D'Artagnan, au Singe Rouge ? Allons, le Français n'y pense pas ! Il est bien trop jeune, et sans doute beaucoup trop inexpérimenté.

D'Artagnan fait ressortir que, selon lui, les deux hommes n'ont guère le choix.

Buckingham réfléchit un instant, puis se rend à l'évidence. Soit ! Mais alors, le duc doit mettre le militaire français en garde et lui expliquer qui est Wet-Wet-Gladys.

Une nouvelle fois, d'Artagnan hausse le sourcil, tandis que Sa Grâce soupire et reprend : il s'agit de la personne à qui appartient le Singe Rouge. Le duc veut parler, semble hésiter puis, comme à contre-cœur, se décide à exhorter le Français à la prudence car, selon Sa Grâce, Wet-Wet-Gladys peut se montrer particulièrement redoutable.

Le cadet aux gardes s'étonne de nouveau. Mais Sa Grâce ne vient-elle pas de dire que Wet-Wet-Gladys était de ses amies ? Allons, avec tout le respect que le Gascon doit au favori du roi Charles, celui-ci doit s'expliquer.

– Soit. Si vous y tenez, monsieur d'Artagnan.

Buckingham soupire, constate, une nouvelle fois, que son interlocuteur n'a certes pas inventé l'arc, emplit de nouveau les deux verres, puis reprend son souffle, et commence son récit.

Porthos a fort à faire pour calmer la colère du porteur d'eau. L'homme est de haute taille, et ses mains semblables à des battoirs. Ameutés par les cris de leur camarade, les artisans et domestiques présents aux alentours s'avancent, menaçants, vers le gros mousquetaire. Une fois de plus, Aramis vient au secours de son ami, mais leur épée ne leur serait d'aucun secours, cette fois. Aussi, les deux militaires, après s'être vite concertés, choisissent-ils de jeter sur le sol fangeux de la berge une pleine bourse de pièces d'or. Les malheureux se précipitent dans la boue, tous, sauf le porteur d'eau dont les deux filles qui ne connaissaient rien de la vie, ou si peu, jusqu'à ce jour, ont subitement compris le véritable sens des cris que pousse leur truie Mildred lorsque les porcs du voisin s'approchent de la palissade mitoyenne.

Le duc de Buckingham commence son récit. L'histoire débute il y a très longtemps, à une époque funeste où les grands du royaume d'Angleterre se déchirent pour d'obscures querelles. Les campagnes et les routes sont livrées aux brigands qui pillent, rançonnent et tuent en toute impunité. Un jour, un très saint homme, évêque de son état, et qui a une horde de bandits à ses trousses, arrive non loin de Londres. Déjà, il devine, au loin, les tours et les clochers de la ville, mais, soudain, son valet s'écrie :

– Ah ! Monseigneur ! Voyez, là-bas !

L'évêque se retourne : l'horizon poudroie de la poussière que soulèvent les chevaux des féroces hommes d'armes lancés à sa poursuite. Sans se départir de son calme, le prêtre exhorte l'enfant qui l'accompagne à recommander son âme à Dieu. Car, jamais, il le craint fort, ils n'auront le temps de gagner la capitale. Hélas, le prélat aurait tant voulu mettre en lieu sûr les reliques de sainte Ursule qui sont dans les fontes de sa monture. L'évêque et son domestique s'apprêtent à affronter la mort lorsque le jeune valet aperçoit un hameau, tout proche, et qu'une colline dissimulait jusqu'à présent à ses yeux. Ce faubourg possède du reste, remarque l'évêque, une allure étonnamment prospère, en ces temps de misère, richesse en fait due à la foire au cochon qui se tient là deux fois l'an, car cela rapporte beaucoup d'argent, les cochons. Au risque de crever sous eux leurs chevaux, les deux hommes s'élancent vers cet hypothétique salut et, quelques instants plus tard, le valet frappe à la porte de la première maison, une magnifique demeure bâtie en pierres de taille.

– Ouvrez, ouvrez, au nom du Ciel. Car nous sommes en grand danger !

Mais le dévoué serviteur peut crier, taper à l'huis de toutes ses forces, nulle réponse ne vient apaiser son angoisse, la porte demeure close, et les deux pourchassés ont beau aller demander de l'aide de logis en logis, ils n'obtiennent pour toute réponse que les grincements des volets qui claquent et des verrous que l'on pousse. Pas une des somptueuses maisons ne s'ouvre, l'évêque se résigne déjà et son valet va bientôt perdre tout espoir lorsqu'ils parviennent devant la dernière maison du bourg, humble masure d'allure bien modeste, quoique de grandes proportions.

– Ah ! Monseigneur ! s'exclame le serviteur désabusé, c'est là notre dernière chance, je le crains !

– Essayons toujours, cette maison me semble être un couvent.

Un instant plus tard, l'évêque et son valet reprennent quelque force devant un bon bol de soupe, tandis que s'affairent autour d'eux de serviables jeunes femmes menées par Ava Mac Cormick, une maîtresse femme, déjà âgée de 43 ans.

Et l'évêque, qui a la vue fort basse, demande quel monastère lui a ainsi donné asile.

Pour la première fois de sa vie, Ava Mac Cormick ne sait que répondre, et elle se contente de proposer encore un peu de soupe à son interlocuteur. Que monseigneur reprenne des forces, ils causeront après.

En fait, la maison n'est pas vraiment un couvent, Ava Mac Cormick n'est pas réellement une abbesse et ses jeunes pensionnaires ne sont pas tout à fait ses filles en religion. Du reste, le domestique de l'évêque, qui est beaucoup moins niais que son maître, commence à avoir une petite idée de la véritable nature de l'endroit où ils ont trouvé refuge. Ce dont il est, du reste, fort aise, car, lui, il n'a prononcé aucun vœu, en tout cas pas d'abstinence.

Mais Ava Mac Cormick, pour exercer le métier qui est le sien, n'en a pas moins de la religion, et elle ne veut pas ôter à l'évêque ses illusions. Aussi parvient-elle, durant toute la soirée, à toujours éluder les embarrassantes questions de l'homme de Dieu, tandis que, derrière elle, pouffe et s'esclaffe l'escadron de ses accortes pensionnaires. Le jeune valet est parti se reposer en compagnie des plus enjouées des jeunes femmes. Oh, bien sûr, l'évêque est quelque peu étonné de se trouver dans un couvent empli de fragrances paradisiaques, de rires cristallins et de gloussements furtifs, mais les reliques de sainte Ursule sont en sûreté, à l'abri de toute profanation, derrière des murs épais, et c'est bien là l'essentiel. Tout de même, les religieuses ont de bien curieux uniformes.

– Mais, ne cesse de demander l'évêque, de quel ordre dépend donc ce monastère, et quelle est donc sa règle ? Cistercienne ? Bénédictine ?

D'Artagnan a très vite compris, d'autant qu'il existe une maison semblable, à Tarbes, où se rendent parfois les hommes des alentours, mais où le cadet aux gardes n'est jamais allé. Et le duc de Buckingham le lui confirme, cette maison pleine de charmes et de ressources, ce n'était pas une abbaye, ou plutôt, c'était l'abbaye-des-s'offre-à-tous, un établissement qui déparait la coquette harmonie et la bonne moralité du faubourg, du moins, à l'idée des esprits suffisamment chagrins et obtus pour se ranger à cet avis mesquin. Donc, continue Sa Grâce, l'évêque et son serviteur demeurent là toute la nuit et, le lendemain matin, au grand regret du valet, ils se remettent en route et parviennent enfin sans encombre jusqu'à la porte de la grande cité.

L'évêque avait l'oreille du monarque d'alors. Un peu plus tard, une lettre, pompeusement apportée par un secrétaire du palais royal de Westminster, vint conférer à Ava Mac Cormick le titre de baronne, distinction inattendue, vu les habituelles occupations de la demoiselle généreuse, mais néanmoins acceptée de bonne grâce. Puis, avec le retour de la paix civile, la vie recommence, la foire reprend, les cochons reviennent, les affaires refleurissent. Et désormais, les bourgeois du faubourg ne manquent pas de prétextes pour aller faire un tour chez lady Ava. De simples visites de politesse à Mme la baronne, en quelque sorte. Pour sûr, le temps est révolu où Ava Mac Cormick et ses employées étaient victimes des sermons du prêtre de la paroisse et des insultes des femmes, lorsque ce n'était pas celles des hommes quand ils rencontraient ces femmes ailleurs que dans le bordeau. Profondément reconnaissants, car l'église de leur hameau abrite désormais les reliques de sainte Ursule, les villageois s'empressent autour d'Ava qui, rayonnante, accueille les témoignages de gratitude dans sa demeure pavoisée, entourée de son gracieux personnel.

D'Artagnan, peu habitué à la société des hommes s'étonne de tant d'hypocrisie.

– Et cela vous étonne ? Vous ne connaissez donc pas les hommes, monsieur le cadet aux gardes ? Lady Ava vécut ainsi, jusqu'à la fin de ses jours, adulée et respectée, à un jet de pierre de la chapelle, bien entendu dédiée à sainte Ava, que ses concitoyens admiratifs ont fait bâtir pour célébrer le courage de la baronne leur bienfaitrice et que le prêtre a dû consacrer, mortifié mais contraint et forcé.

A la mort de lady Ava, son établissement n'en disparut pas pour autant, mais de toute façon, comme le sait l'émissaire de la reine de France et de

Navarre, cette sorte de commerce est éternelle. Et le duc conclut :

– La florissante maison, qui a plusieurs fois changé de nom, est toujours en activité. Elle se trouve aujourd'hui en pleine ville et s'appelle à présent le Singe Rouge, et c'est donc là où vous pourrez trouver Wet-Wet-Gladys.

Charles de Batz-Castelmore s'offusque. Sa Grâce se moque, il est impossible que le favori de Sa Majesté le roi d'Angleterre connaisse un tel endroit ! Le duc ne peut s'y être déjà rendu !

Mais si, explique Buckingham. A Londres, le Singe Rouge est ce qui se fait de mieux aujourd'hui, chacun le sait, et notamment les plus grands seigneurs du royaume. Mais, pour des raisons que le cadet aux gardes comprend sûrement, il leur est fort difficile d'y aller, alors, le plus souvent, les pensionnaires du Singe Rouge se rendent, bien entendu en toute discrétion, chez les personnages qui font appel à leurs services. Le roi lui-même, il y a peu...

– C'est incroyable !

Pas du tout ! proteste Sa Grâce, que le cadet aux gardes se souvienne que Sa Majesté le roi d'Angleterre n'est marié que depuis très peu de temps avec la reine Henriette, la propre sœur du roi de France.

Le cadet aux gardes est un peu hésitant, mais à présent qu'il sait à quoi s'en tenir sur le Singe Rouge, le militaire se montre infiniment moins enclin à se rendre dans l'établissement. Pour dire le vrai, son bel entrain l'a même tout à fait abandonné, car vouloir trousser une chambrière est certes chose normale, et le soldat est sans doute capable de compter fleurette à deux ou trois servantes au cours d'une soirée de beuverie. Mais le Gascon peut-il, sans craindre pour sa santé, tenir tête, ou plus encore, aux pensionnaires du Singe Rouge ? Vraiment, le militaire préférerait ne pas avoir à vérifier de sitôt ce que, en la matière, il peut exactement accomplir, et il suggère à Sa Grâce d'essayer de mettre en œuvre une autre solution. Ne peut-on envoyer un des gardes de Buckingham Mansion ?

Buckingham n'apprécie guère la couardise, surtout en matière de galanterie, l'apanage de tout gentilhomme bien constitué.

– Et le mandat que vous a confié la reine de France, qu'en faites-vous ? C'est à vous d'accomplir cette mission, je crains que vous n'ayez guère le choix !

D'Artagnan convient que Sa Grâce a sans doute raison, mais que va-t-il dire à Wet-Wet-Gladys ? Car le cadet aux gardes suppose que la jeune femme va vouloir être dédommagée. Que va-t-il lui donner en échange ? Ces quatre ferrets, quoique dépareillés, n'en valent pas moins une véritable fortune ! Une bourse bien pleine ? Non, c'est sans doute très insuffisant !

Le duc est très pressé de se débarrasser de ce Français qui commence à l'importuner au plus haut point. L'envoyé de la reine de France n'aura qu'à improviser le moment venu. Le Gascon n'a donc aucune imagination ? Wet-Wet-Gladys en a pour deux, Sa Grâce s'en porte garante, et puis, après tout, le cadet aux gardes désire, par-dessus tout, récupérer ces joyaux, non ? Alors, qu'il se débrouille. C'est son affaire.

D'Artagnan confesse au duc que celui-ci le plonge dans le plus grand des embarras.

Pourtant, assure le duc, tout ceci n'est rien, il en est sûr, en regard de ce qui attend le cadet aux gardes qu'il prie du reste, une nouvelle fois, de bien vouloir se mettre en route.

Si le favori de Charles Ier avait su que cette visite rendue en son palais du Louvre à la reine de France allait lui causer tant de soucis, il se serait assurément abstenu, en cette fameuse soirée, de rejoindre la princesse. Le cadet aux gardes comprend qu'il n'obtiendra rien de plus de Sa Grâce, du reste, un valet survient, porteur d'un ordre exprès du roi. Sitôt après en avoir pris connaissance, Buckingham se retourne vers d'Artagnan :

– Brisons là. Sa Majesté s'ennuie, Elle me fait la grâce de me convier auprès d'Elle afin de l'accompagner à la chasse. J'ai tout juste le temps de me préparer, je vous laisse donc, mais je vous envoie un valet de confiance, qui vous accompagnera jusqu'au Singe Rouge. Bonne chance, monsieur !

Le duc s'apprête à laisser là le cadet aux gardes. Soudain, un vieux domestique entre dans le cabinet, Tom Higgins, au service de la famille du duc depuis plus d'un demi-siècle. Le vieillard est très pâle.

Pierre de Batz-Castelmore n'est certes pas homme à se laisser prendre au piège des liens de la fraternité. Son cadet lui porte tort et, depuis leur plus jeune âge, lui fait ombrage ? Qu'à cela ne tienne ! Tous les moyens lui seront bons pour reconquérir des droits qu'il n'aurait jamais dû perdre, et ses parents ne sauront jamais rien. Et quand bien même ils l'apprendraient, ils pardonneront à leur fils aîné. Le frère tué par le frère. Et alors ? L'histoire de l'homme, depuis les fils d'Adam, n'est-elle pas riche de tels exemples ? Et Charles d'Artagnan doit-il supporter, sans jamais se rebeller, jusqu'à la fin de ses jours, les effets de ce tour cruel que la nature lui a joué ? Non, assurément, tous les moyens lui seront bons, et personne ne sera là pour le réprimander, pas même son ami d'enfance, Sébastien Guilloux, pourtant son seul confident, et dont personne n'a jamais su comment il avait pu tomber du haut de la Tour aux abeilles, sur cette hallebarde égarée quelques jours auparavant.

– Que Votre Grâce veuille bien me pardonner. Mais Margaret, mon épouse, vient d'être attaquée. En fait, elle est morte.

– Morte ?

Morte, oui, oui, répète le vieux Tom. Le corps de sa défunte épouse a en effet été retrouvé, à demi dissimulé derrière un fauteuil, dans le couloir qui mène au Cabinet noir. Il semble que la pauvre femme ait trouvé la force de se traîner sur quelques mètres avant de succomber ; elle porte une blessure au front en forme de croix. Et tout indique que le meurtre vient d'être commis, peut-être, même, l'assassin est-il encore au palais ?

Mais comment a-t-on pu tuer Margaret Higgins ? s'étonne le duc. Quelle étrange idée ! Cette pauvre vieille servante, à moitié aveugle et percluse de rhumatismes, n'a jamais pu causer la moindre gêne ou la plus petite vexation.

Effectivement, Tom Higgins en convient bien volontiers. A 60 ans passés, et avec sa mauvaise santé, c'est tout juste si Margaret pouvait grimper à l'arrière des charrettes qui transportent les provisions destinées aux cuisines de Sa Grâce. Pour sûr, les roues des chariots ont manqué plus d'une fois lui passer sur le corps.

– C'est terrible !

Oui, comme le vieux Higgins, Margaret était entrée à Buckingham Mansion du temps du père de Sa Grâce. Tous les habitants du palais avaient fini par s'habituer à sa présence, comme à celle d'un vieux meuble dont on connaît chaque craquement, chaque fente. Paix à son âme. Bien entendu, le duc assure Tom Higgins qu'il prendra à sa charge tous les frais que vont occasionner ce regrettable incident, et, de plus, il promet que la chère Margaret sera ensevelie dans la crypte du palais.

– Je donnerai, pour cela, des ordres au chapelain.

Oh ! Quel bonheur ! Sa Grâce est trop généreuse, soupire le vieillard avec résignation. Il s'agenouille, baise le vêtement du duc. Pauvre Margaret ! Si elle savait cela ! Si Sa Grâce le permet, il va aller préparer sa pauvre épouse à son dernier voyage. Ce à quoi Sa Grâce s'empresse de consentir, bien entendu, pauvre cher vieux Tom Higgins.

Le coup de pied part si vite que le petit chien, engourdi et tout à la digestion de sa pâtée, ne peut l'éviter. Il saute sur le côté puis, de surprise et de douleur, pousse un jappement suraigu, se transforme ensuite en une tournoyante boule de poils fauves et de rubans grenat. Et la boule hurle et se tord sur le beau parquet ciré. Tout à coup, le tourbillon s'arrête, et la bête, terrorisée, reprend son souffle, avant d'aller se cacher sous un fauteuil. Mais la plainte s'élève à nouveau, plus intense, insupportable. Ce chiot n'en finira donc jamais d'aboyer sa douleur !

Il en faut davantage pour apaiser la colère de Verena de Northumberland. Celle-ci ne s'intéresse déjà plus à l'animal qu'elle vient de frapper, pour manifester sa colère, du bout de sa chaussure de soie. Alors, la marquise regarde autour d'elle, et la belle rousse qui tourne aujourd'hui la tête des représentants mâles de la fine fleur de la noblesse britannique passe, sans leur prêter attention, devant la grande pendule ornementée, les tableaux aux cadres précieux, les curios en ivoire et les chandeliers d'argent. Et, soudain, les yeux furieux de la courtisane avisent la paire de superbes vases chinois que le roi Charles Ier en personne a offerts à Buckingham, en remerciement des services inestimables que ce dernier a déjà rendu à la Couronne en dépit de son jeune âge.

– Verena, si tu le veux, tu l'auras ton château !

Les lèvres de la jeune femme esquissent un léger sourire que l'homme accueille avec soulagement, tant est grande son incompréhension du beau sexe. Et, avant que celui-ci comprenne son erreur et la véritable signification de cet enjouement soudain, la marquise en colère se saisit du premier vase. Un geste nerveux, d'une violence extrême et, un instant plus tard, l'objet se brise en mille morceaux contre le marbre de la cheminée. Le lourd tapis de la chambre d'apparat se constelle de mille fragments de la précieuse porcelaine, blanche et bleue.

– Ah ! Malheureuse !

– Menteur !

– Mais j'y étais obligé, Verena !

– Monstre !

– Qu'as-tu donc fait ! Arrête, je t'en conjure ! Northy !

– Homme sans parole ! Tiens, et voici l'autre !

Le second vase chinois emprunte une trajectoire identique à celle de son pendant. Un terrible bruit qui perce l'oreille et déchire le cœur de Sa Grâce. Et l'objet d'art éclate à son tour, tandis que se pulvérisent les dragons griffus et les chrysanthèmes chatoyants. Sur un des plus grands fragments demeure, intacte, la figure, parée des célèbres plumes de paon à trois yeux de Li Cheng Ming, un des plus illustres représentants de la noblesse suprême de l'Empire du milieu, l'aristocrate à la sagesse profonde et à l'intuition toujours sûre.

Le duc ne sait plus que faire, ni que dire. Que la marquise arrête donc, il l'en conjure, les domestiques vont accourir !

Mais peu en chaut à l'aristocrate.

– Traître !

Que Verena de Northumberland se calme, le favori du roi Charles l'en supplie. Sous son fauteuil, le chiot se fait petit, tout petit.

– Ah ! Je ne sais comment vous remercier ! Grâce vous soit rendue !

– Quoi, que dis-tu ?

Tom Higgins ne saurait trop manifester sa reconnaissance. D'Artagnan tente de se dégager, il ne comprend pas. Que le domestique s'explique, vite !

Ce dernier ne se fait pas prier plus longtemps. Il assure à d'Artagnan fort bien savoir que c'est le cadet aux gardes venu de France qui a tué son épouse, et il voulait l'en remercier très vivement, voilà tout.

Mais que le domestique se taise, proteste d'Artagnan. Le vieil homme ne connaît-il donc pas le code d'honneur des militaires pour savoir que ceux-ci trucident de plus en plus rarement, du moins en temps de paix, les vieilles femmes ? Si, si, le serviteur le sait fort bien, c'est pour cela que d'Artagnan peut se rassurer, il n'en dira rien, il est bien trop content de son nouvel état.

– Pour la dernière fois, tais-toi !

Mais Tom Higgins n'en démord pas, et il jure le secret. Que le cadet aux gardes comprenne, Margaret était devenue, au fil des ans, une affreuse mégère, une épouvantable furie, un insupportable dragon, toujours à tempêter, rouspéter, manifester sa mauvaise humeur. De toute la journée, le vieux serviteur n'avait pas un instant de répit, et sa vie n'était qu'un incessant calvaire ! Oui, le jeune Gascon l'a délivré d'un véritable fléau, vraiment Tom Higgins est, à jamais, son obligé. Si, de par un sort contraire, le militaire français était un jour en danger, le valet chenu fait le serment de se porter à son secours et de le seconder de toutes ses vieilles forces, quoi qu'il lui en coûte, il lui en fait la promesse.

D'Artagnan porte la main à son épée.

– Cesse de me remercier, imbécile.

– Je dois également supporter les humeurs d'une

vieille cousine, acariâtre et issue de germains, qui loge près d'ici. Je me disais que vous pourriez peut-être...

– Tais-toi, vieil homme !

Le vase aux trois cols a traversé lui aussi le salon. Hors d'elle, à présent tout à fait décoiffée et ne prenant pas garde au désordre de sa robe, la flamboyante maîtresse du duc de Buckingham contemple avec satisfaction les premiers dégâts que son juste courroux a causé dans la pièce qui, jusqu'à présent, ne rappelait que de bons souvenirs à Sa Grâce. Et, tandis que le duc, éperdu de détresse, contemple avec tristesse le visage du fameux Sablon à jamais séparé de son compagnon Xuan Zang, Verena de Northumberland se saisit des pincettes de la cheminée, puis s'avance droit sur la collection de tabatières émaillées, la plus fameuse et la plus riche de toute la chrétienté.

– Non, Verena ! Au nom du Ciel !

Le duc, en désespoir de cause, propose son château d'Ecosse, ses meubles, ses forêts et ses landes, tous, ils sont tous à la marquise, si celle-ci le souhaite. C'est là peine perdue, Sa Grâce le comprend vite, car Verena l'ardente et l'indomptable approche un tison rougeoyant du superbe tissu brodé et rebrodé d'or vert, d'or jaune et d'or rouge qui orne le lit à baldaquin de Sa Grâce. L'étoffe s'embrase, une fumée âcre se répand dans la chambre.

Donc, le duc en fait la promesse irrévocable ? Dans le palais du roi ? Dans sa chapelle privée ?

Oui. Le duc, qui suffoque, en fait la promesse solennelle. Sa Grâce tousse, s'étouffe, le favori n'a plus qu'une idée en tête, que Verena lui rende la clef. Buckingham doit échapper à ce nuage épais et noir qui va le tuer. Il sera toujours temps, plus tard, de réfléchir à la manière d'honorer l'engagement auquel le duc vient de souscrire. Tout de même, il ne lui sera guère facile de pouvoir s'isoler, dans l'oratoire privé du monarque, en la seule compagnie de sa maîtresse impétueuse, pour accomplir cette promesse. Mais Sa Grâce doit faire contre mauvaise fortune bon cœur puisque c'est là le prix qu'exige Verena. Tout de même, se demande le duc, de quelle façon celle-ci a-t-elle appris que Wet-Wet-Gladys faisait toujours partie des intimes de Buckingham ? L'indiscrétion d'un domestique ? Un renseignement obtenu grâce à un espion ? Une vengeance de femme ? D'Artagnan aurait-il déjà parlé ? Mais pourquoi ?

– Je t'en supplie, Northy, lâche ce flambeau !

Verena de Northumberland effraie tant le duc que, au milieu des fumées qui se font à chaque instant plus denses, ce dernier ne se rend pas compte qu'un petit panneau du lambris de la pièce a pivoté doucement. Deux yeux observent la scène, les yeux de l'homme qui suit d'Artagnan. Peut-être depuis que la reine Anne a fait du cadet aux gardes son chargé d'affaires, ou avant, peut-être.

Les domestiques de Buckingham Mansion accourent de toutes parts pour éteindre l'incendie qui menace de s'étendre aux appartements de réception. Dans le grand escalier du palais, où se pressent des courtisans apeurés, d'Artagnan, qui serre contre lui le coffret de bois de rose incrusté d'or, s'arrête un instant. Des éclats de voix ne s'échappent-ils pas des appartements du duc ? Bah ! Est-ce l'affaire du cadet aux gardes ? Non, sans doute ! Et puis, qu'importe ce qui se passe à présent chez le favori du roi d'Angleterre et de la reine de France, puisque l'envoyé de cette souveraine a obtenu, sans aucune difficulté, ce qu'il était venu chercher, les ferrets imprudemment offerts dans un moment d'égarement, enfin, plus exactement, huit des douze joyaux. Mme d'Artagnan, sa mère, sera contente.

Le militaire, accompagné du valet qui doit le mener au Singe Rouge, peine à se frayer un chemin, car la bousculade l'empêche de retrouver aisément sa monture. Un carrosse tente, lui aussi, de repartir, mais il a beaucoup de mal à traverser la cour d'honneur, tant est grande la cohue. Son passager se penche à la fenêtre pour connaître la cause de tant d'agitation. Soudain, au milieu des fumées qui emplissent la cour, l'homme aperçoit le coffret de bois de rose, juste avant que ce dernier disparaisse dans les fontes du cadet aux gardes. Aussitôt, l'homme donne l'ordre à son cocher de suivre le Gascon. Mais le tohu-bohu est tel que le carrosse ne peut faire demi-tour. Un instant, l'homme songe à sauter de sa voiture et à courir après d'Artagnan. Non, impossible ! Ce serait se découvrir ! Rendu furieux par cette impuissance forcée, l'inconnu, contraint à l'immobilité, regarde le cadet aux gardes disparaître dans le dédale des étroites ruelles de Londres.

D'Artagnan et le valet mandé par le favori royal se frayent tant bien que mal leur chemin dans les étroites ruelles du vieux Londres dont le pavé glissant ne permet guère aux cavaliers de galoper grand train. Les deux hommes traversent tout d'abord les élégants quartiers où les seigneurs et les riches bourgeois de la cité ont depuis peu édifié leurs demeures de pierre, bâties, pour les plus belles, par l'architecte le plus fameux du moment, Inigo Jones. Puis, les deux cavaliers s'engagent dans des rues plus populeuses, bordées de maisons de bois qui, construites sur de fort minces parcelles, ne présentent au passant qu'un étroit pignon. Ensuite, c'est un lacis de ruelles tortueuses, obscures et empuanties, le long desquelles se pressent des taudis mangés de vieillesse, de crasse, de misère et de pourriture. Il s'agit d'aller vite, car s'il n'est guère dangereux de s'aventurer dans ces parages de jour, il est, en revanche, beaucoup plus hasardeux de s'y trouver lorsque la nuit est tombée. Là, vivent les faux manchots et les vrais bandits qui, souvent, se répandent dans les autres quartiers de la ville à la recherche du bourgeois aisé et repu prêt à être délesté de sa bourse, voire coupé en morceaux s'il se débat ou ne se montre pas assez rapide à honorer les demandes qui lui sont présentées sans grand ménagement.

Ce spectacle émeut d'Artagnan qui sent le découragement s'emparer soudain de son âme. Il a peur, soudain, de ne jamais pouvoir mener à bien sa mission périlleuse, il se sent petit, tout petit. A quoi lui sert-il d'être le rejeton d'une antique lignée, qui s'est jadis illustrée contre les cathares, pour être ainsi humilié devant les serviteurs du château ancestral ? Elle est là-bas, elle l'attend, dans la grande salle aux tapisseries mitées et aux fenêtres qui, l'hiver, laissent passer le vent, et, l'été, la touffeur engourdissante de la vallée. Est-ce sa faute, à lui, si sa modeste fortune ne lui a pas permis de conquérir les titres de gloire dont elle rêve pour lui depuis toujours ? Le jeune Gascon va se faire tancer. Si grande est sa terreur qu'il lui semble ne pas pouvoir continuer à avancer au milieu de ces maisons ruinées, qui suent la pauvreté la plus abjecte et dont son regard, pour tâcher de distraire son esprit, détaille chaque pierre, chaque angle. Sa mère est là, derrière ce tas de bois, qui va laisser éclater sa colère lorsque son fils, cet incapable, ce bon à rien, va devoir lui annoncer la terrible nouvelle.

– Oui, mère, j'ai failli à mon devoir et à l'honneur

de notre maison, je n'ai pu mener à bien la mission que m'a confiée la reine de France et de Navarre.

S'il ne parvient pas à récupérer ces ferrets, le cadet aux gardes craint fort d'être sous peu soumis à une telle confrontation. Allons ! Le cadet aux gardes doit surmonter sa peur, la terreur qui lui noue les entrailles lorsqu'il envisage de se rendre au Singe Rouge. Mais, plus que dans son appétit de pouvoir et de reconnaissance, c'est dans la peur de devoir se présenter, vaincu, devant sa terrible mère que le cadet aux gardes puise les forces qui vont, il le faut, lui permettre de contrer les sombres menées du cardinal, ce Richelieu qui, dans l'ombre, d'Artagnan le sait, œuvre pour causer la perte de la reine de France et de Navarre. D'Artagnan relève la tête.

– Voilà, nous y sommes, monsieur le cadet aux gardes.

D'Artagnan lève les yeux, en effet, les voici arrivés. Au-dessus de la porte d'entrée de l'établissement fondé il y a bien longtemps par Ava Mac Cormick, la vénérable enseigne, à qui la maison doit son très célèbre nom, oscille au gré du vent. D'Artagnan s'aperçoit, avec surprise et curiosité que, en fait, ce n'est pas le singe tout entier qui est rouge.

– Ah, oui, c'est ma foi vrai ! Je n'avais jamais remarqué.

En son for intérieur, le serviteur se demande s'il en est ainsi dans la nature ou si c'est là une licence librement prise par un artisan facétieux.

Puis, tandis que des domestiques s'occupent des chevaux, les deux hommes pénètrent, enfin, dans la demeure si fameuse. D'Artagnan sent ses jambes se dérober sous lui. Va-t-il fléchir ? Allons ! Courage, Gascon ! Du reste, pour le moment, l'envoyé de la reine ne voit rien que de très normal : une entrée semblable à celle de n'importe quelle maison respectable, des meubles élégants, une atmosphère de bon ton et, surtout, un complet et surprenant silence... Le jeune cadet aux gardes est sur le point de se demander si le valet du duc ne s'est pas trompé d'établissement, lorsque s'ouvre une porte dérobée. Un nain apparaît, revêtu d'un habit et d'un turban de soie, un court cimeterre passé à sa ceinture, il jette un rapide coup d'œil aux deux hommes et, reconnaissant la livrée du duc de Buckingham, s'écrie, soudain très aimable :

– Ah ! Entrez donc ! Ainsi, c'est Sa Grâce qui vous envoie !

Oui, annonce le laquais, Monsieur, qui est avec lui et qu'il a l'honneur d'accompagner, est un ami du duc. Ce dernier lui a beaucoup parlé de Wet-Wet-Gladys, et Monsieur aimerait beaucoup pouvoir faire sa connaissance avant de regagner la France.

Le nain esquisse une révérence maladroite. Bien sûr, le Singe Rouge a pour habitude d'exaucer tout ce que demande Sa Grâce, seulement, il se trouve que mademoiselle Wet-Wet-Gladys n'est pas là, pour le moment, elle a été appelée à Southing Hall. Le valet du duc s'étonne. A Southing Hall ? Chez le comte Hugues ? Mais le domestique croyait que ce vestige vivant de l'ancienne cour avait depuis longtemps renoncé à toute activité de cet ordre. Le nain sourit, ses dents sont gâtées, son visage est obscène, vulgaire. Non, le comte Hugues ne s'intéresse plus guère à son élevage caprin et préfère désormais faire régulièrement appel au Singe Rouge, et à Wet-Wet-Gladys en particulier. Mais, peut-être que monsieur le militaire français voudrait rencontrer une autre des pensionnaires ? Car beaucoup de jeunes femmes, tout aussi charmantes, imaginatives et adroites que Wet-Wet-Gladys sont là pour lui être agréables. Si monsieur le voyageur veut bien le suivre, le nain se fera un plaisir de les lui présenter.

D'Artagnan regrette et balbutie, c'est Wet-Wet-Gladys qu'il souhaite rencontrer, et elle seule. Le valet du duc de Buckingham hoche la tête. Il voudrait, vite, faire comprendre au nain que d'Artagnan ne changera pas d'avis, mais le petit homme n'en pousse pas moins le cadet aux gardes devant lui et parle avec autorité. Que le militaire français entre donc dans ce salon, en attendant, et, s'il veut bien patienter quelques instants, le nain obséquieux va faire préparer une légère collation.

Le Français est à présent dans une grande pièce bien différente du banal vestibule qu'il vient de quitter. Partout, ce sont des tentures, des paravents et des rideaux de velours rouge, de luxuriantes plantes vertes chargées de fleurs odoriférantes, tout à fait inconnues du Béarnais. Est-ce là le paradis des preux chevaliers ? Le Gascon a-t-il donc, déjà, mérité son accès au paradis éternel ? Partout, une multitude de flambeaux, de girandoles et de lustres qui éclaboussent de lumière toute l'assistance, car d'Artagnan n'est pas le seul occupant de la pièce. Loin de là.

Installées au creux de profonds fauteuils, plusieurs des pensionnaires du Singe Rouge le regardent avec curiosité, lascivité, et intérêt. Le jeune cadet aux gardes sent la sueur perler à son front. Sa voix est presque inaudible, et il s'efforce, pour se donner une contenance et tâcher de ne pas céder à la panique, de penser à Constance. A Constance seulement.

– Heu... bonjour, mesdames.

– Bonjour ! hurlent en chœur les collègues, bien entendu accortes, de Wet-Wet-Gladys.

Alors, le nain, qui a suivi d'Artagnan, annonce, sans bien réfléchir :

– Prenez place, monsieur le militaire.

La maison a-t-elle jamais connu pareil affolement ? C'est peu probable, car, l'instant d'après, le grand salon du Singe Rouge, d'ordinaire dédié à la volupté, au calme et à la joie, est le théâtre d'une indescriptible panique. Les pensionnaires de l'établissement courent dans tous les sens, se bousculent et hurlent. Au comble de l'affolement, les malheureuses jeune femmes piétinent à qui mieux mieux le nain.

– Les soldats ! Ils vont nous arrêter !

– Non, je ne veux pas aller dans les dépôts de mendicité !

– Moi non plus !

– Ni moi !

D'Artagnan tente de ramener un peu de calme, tandis que le portier nabot parvient enfin à se mettre à couvert. Le domestique de Sa Grâce, qui en a assez vu et entendu, s'enfuit sans demander son reste. Nul ne sait ce qui peut se passer au Singe Rouge, et mieux vaut ne pas traîner ici. Enfin, l'ordre et le calme reviennent.

D'Artagnan s'emploie, avec succès, à dissiper le regrettable malentendu qui est cause de tout cet émoi.

Les jeunes femmes du Singe Rouge réalisent, enfin, que le cadet aux gardes constitue toute l'escouade dont elles ont craint, un peu trop rapidement, la venue. Et, tandis que l'on emmène le pauvre nain, couvert de bleus et d'ecchymoses, Diana-The-Milky-Cow s'avance vers le Gascon et, tout en remettant un peu d'ordre dans sa tenue chiffonnée, elle explique. Certes, le soldat français doit trouver toutes ces jeunes femmes quelque peu nerveuses, mais c'est que nombreux sont les ennemis du Singe Rouge qui, dans l'ombre des confessionnaux et des sacristies, ont depuis longtemps juré sa perte. Ces jours-ci, on murmure avec insistance que Sa Majesté le roi Charles Ier, qui a pourtant prouvé en de maintes occasions qu'elle n'était point bigote, serait sur le point de faire jeter en prison ou, pire encore, au couvent, les compagnes de Wet-Wet-Gladys, afin de donner des gages de bonne moralité aux plus austères de ses conseillers qui la pressent de mettre un terme à ce scandale de nature à froisser la susceptibilité d'un Saint Père fort heureusement jusqu'à présent ignorant d'une situation à proprement parler diabolique.

Le cadet aux gardes est sincèrement navré d'avoir ainsi effrayé toutes ces dames.

Oh, oui, Diana-The-Milky-Cow reconnaît qu'elle et ses amies se sont montrées un peu bêtes, en tout cas beaucoup trop impulsives, sans doute une déformation professionnelle.

Et, tandis que ses compagnes reprennent leur place, la jeune femme propose de faire les présentations, à présent que le calme est tout à fait revenu.

D'abord, que monsieur le cadet aux gardes veuille bien se rappeler désormais que la jeune personne qui se trouve en face de lui se nomme Theresa-Naked-Teets. Le soldat souhaite-t-il en savoir plus sur l'explication de cet amusant surnom ?

Non, d'Artagnan, qui sent la peur à chaque instant progresser dans son cœur, remercie la jeune femme, mais c'est inutile, et il n'a guère le temps.

Diana-The-Milky-Cow, somme toute assez dépitée, fait grise mine et soupire, mais continue néanmoins de procéder aux civilités qu'impose la situation. Ici, c'est Tamering Frida, dite Frida-The-Bavarian-Tamer, une des nouvelles recrues, depuis peu arrivée du continent, très affectueuse, très.

Mais la corpulente et splendide Bavaroise est tout occupée à remettre de l'ordre dans sa tenue. Elle achève de replacer sur sa généreuse gorge une mouche de taffetas noir, et ne daigne pas accorder le moindre regard au jeune Français. D'ailleurs d'Artagnan est de plus en plus pressé d'en terminer avec ces inquiétantes salutations.

A présent, voici Mlle Hairy-Dolores, qui se flatte d'avoir connu plusieurs grands d'Espagne.

L'ardente Andalouse secoue ses longues boucles

brunes, elle adresse un éclatant sourire au cadet aux gardes qui, au risque de passer pour un rustre, répugne à lui rendre la politesse. Du reste, Diana-The-Milky-Cow continue les présentations.

– Là, c'est Get-Me-Horny-Suzy et Whipping-Winnie.

– Bonjour, mesdemoiselles.

Les deux jeunes femmes trouvent que le petit soldat français est bien charmant, certes, un peu maigre, mais si mignon ! Est-il sûr et certain de vouloir s'entretenir avec Wet-Wet-Gladys ? Nancy-Fussy-Pussy s'estime, ainsi qu'elle le suggère au militaire, tout à fait capable de le faire patienter, car Wet-Wet-Gladys ne va peut-être pas revenir tout de suite, précise gentiment la jeune femme en s'approchant de l'envoyé de la reine Anne d'Autriche. Ce dernier bat prudemment en retraite et regarde tout autour de lui.

C'est que, précise Diana-The-Milky-Cow, les clients ne sont guère nombreux, ces temps-ci, les affaires ne vont donc pas très bien. Peut-être est-ce dû à la perspective d'une guerre avec la France. Pourquoi donc catholiques et protestants ne peuvent-ils s'entendre pour aller, ensemble, faire la guerre au Grand Turc ? D'Artagnan apprécie fort que la conversation prenne ce tour politique, il sent sa peur perdre du terrain. Allons, pense-t-il à présent, tout va s'arranger, ces jeunes femmes vont le laisser tranquille. A coup sûr, il va, avant longtemps, récupérer les deux paires de ferrets manquants, quitter le Singe Rouge et ses inquiétantes pensionnaires, galoper jusqu'à la côte et quitter, enfin, l'Angleterre, et donc se trouver hors de la portée des pensionnaires du Singe Rouge.

C'est sans compter avec Screaming-Shirley.

Bon, maintenant, trêve de plaisanterie ! s'exclame la jeune femme. Il faut passer aux choses sérieuses. Oh oui ! Ce cher garçon devrait être parfait ! s'enthousiasme déjà Hairy-Dolores. D'Artagnan lui semble posséder tout ce qu'il faut pour l'usage qu'elle et ses amies comptent en faire. Sur un signe de Screaming-Shirley, Big-Boobs-Betty et Sticky-Suzy vont fermer la porte à double tour.

– Cette fois, sourit Diana-The-Milky-Cow, tu ne pourras pas nous échapper, beau militaire, tiens, rends-toi utile. Délace ma robe, veux-tu ? Elle me serre terriblement.

Screaming-Shirley, qui paraît assurer la direction du Singe Rouge en l'absence de Wet-Wet-Gladys, reprend la parole. Bon, maintenant que d'Artagnan, dont on ne peut pas dire que la bonne volonté soit évidente, est assuré de demeurer avec elles, la jeune femme voudrait savoir qui, parmi ses amies, est volontaire. Mais, tout d'abord, Screaming-Shirley prie ses compagnes de bien vouloir observer une certaine discipline et de se rappeler sans faire d'histoires qu'il n'y a pas de place pour toutes.

– En tout état de cause, nous ne pouvons être plus de quatre.

Une nouvelle fois, une indescriptible cohue s'empare du salon du Singe Rouge, les jeunes femmes se bousculent, vont et viennent, s'apostrophent non sans quelque vivacité. C'est à celle qui trouvera les meilleurs arguments pour persuader ses compagnes que c'est elle qui doit être choisie. Mais tous ces efforts sont déployés en pure perte, du reste, puisqu'aucune des pensionnaires du Singe Rouge n'est en mesure de comprendre, voire d'écouter les autres, tant est grand l'émoi que chacune éprouve.

Tout ceci se déroule sous l'œil épouvanté du jeune cadet aux gardes, en proie à la plus affreuse des terreurs qui, de nouveau, le travaille au ventre. Voyant qu'elles n'arriveront à rien en procédant de la sorte, Diana-The-Milky-Cow, la plus avisée des pensionnaires de l'établissement, décide de prendre les choses en main. Elle retrousse ses jupons, monte sur un fauteuil, toussote afin de s'éclaircir la voix, et propose à ses amies, puisque celles-ci ne peuvent se mettre d'accord, tant pis pour elles, de désigner par elle-même celles qui vont aller avec le soldat français !

Et, afin de couper court au murmure qui parcourt les rangs de ses compagnes, la jeune femme affirme avec force, et pour que ses amies soient convaincues de son impartialité, elle leur annonce, quoi qu'il lui en coûte, qu'elle s'est exclue de la liste des postulantes.

Devant cet imparable argument, le silence se fait dans le salon, chacune retient son souffle, c'est que le moment est d'importance. Toutes les jeunes femmes, qui ont remis un peu d'ordre dans leur tenue, s'approchent, le cœur plein d'espoir, de Diana, non sans couver des yeux l'envoyé de la reine de France qui se fait petit, tout petit dans un coin. Diana reprend son souffle et poursuit : en sa qualité de doyenne de cet établissement, elle désigne Big-Boobs-Betty, Hairy-Dolores et Nancy-Fussy-Pussy et précise que sa décision ne souffre aucun appel, car cette incertitude, chacune en conviendra, n'a que trop duré.

Un double mouvement salue ce choix : à la joie de celles qui ont été choisies, répond la déception de celles qui ne l'ont pas été. Mais les pensionnaires du Singe Rouge ont toutes bon cœur, et l'esprit de camaraderie habite leur âme généreuse depuis longtemps. Nulle acrimonie, nul ressentiment ne se lit sur le visage des infortunées jeunes femmes laissées de côté.

Bon, eh bien, maintenant, conseille Diana-The-Milky-Cow aux heureuses élues, le mieux que ces dernières puissent faire, c'est de se retirer avec monsieur d'Artagnan dans quelque chambre de l'étage.

Big-Boobs-Betty, Hairy-Dolores et Nancy-Fussy-Pussy se ruent vers l'escalier en chantant comme de jeunes collégiennes. D'Artagnan, happé, presque porté par ce charmant et joyeux tourbillon, a renoncé à offrir la moindre résistance. Un instant plus tard, les trois femmes et le jeune homme ont pris place dans le salon des mille glaces, ainsi nommé parce qu'il est entièrement tapissé de grands miroirs rapportés à grands frais de Venise, plafond compris, sur une idée de Wet-Wet-Gladys qui dispose là d'une salle propre à satisfaire la curiosité de ses clients les plus exigeants sur le chapitre des prestations fournies par l'établissement.

Peu après, les trois Anglaises procèdent à l'installation nécessaire. Les fauteuils ? Non, plutôt rapprocher les deux tapis, ce sera beaucoup plus pratique, et avec cette table basse, ce sera parfait, affirme Nancy-Fussy-Pussy. Voilà, tout est prêt ! Les trois jeunes femmes s'approchent du jeune Gascon qui, cette fois, perd tout espoir de pouvoir échapper à son destin, lorsque, soudain, la porte s'ouvre avec fracas.

Alors, les filles comptaient s'amuser sans elle ? demande la nouvelle venue, vêtue d'écarlate du chef aux pieds, jusqu'à la cravache, dont le manche est pourpre.

Big-Boobs-Betty s'indigne. De nouveau, Wet-Wet-Gladys ! Il faut toujours que celle-ci arrive au dernier moment. La jeune femme, très dépitée tente de convaincre la nouvelle venue qu'il est trop tard, à présent.

– Oui, il n'y a plus la moindre place, affirme Nancy-Fussy-Pussy.

– Du reste, on était sur le point de commencer, renchérit Hairy-Dolores.

Pas question ! s'emporte Wet-Wet-Gladys. Ce jeune homme est venu pour elle, le nain lui a tout dit et elle a reçu, alors qu'elle se trouvait au chevet du comte Hugues, un billet du duc de Buckingham lui annonçant la visite de ce jeune militaire français.

Alors, Wet-Wet-Gladys a le regret de devoir interrompre ses amies, mais celles-ci doivent partir sans attendre. Les trois jeunes femmes jouent l'indignation : Oh ! Ce que Wet-Wet-Gladys fait là, c'est injuste ! C'est déloyal ! Comment vont-elles faire à présent ? fulmine Hairy-Dolores, pour organiser leur tournoi de backgammon.

Oui, ajoute Nancy-Fussy-Pussy, elles ont déjà tout préparé. La jeune fille désigne les tapis précieux, la table et le grand plateau de bois incrusté de nacre installés tout exprès.

Wet-Wet-Gladys suggère à ses compagnes de s'employer à trouver un autre partenaire. Elle remarque que, du reste, les hommes ne manquent pas, dans cette maison, du moins si on se donne la peine de se rendre à l'étage des salons particuliers.

Cela ne sera pas pareil, fait remarquer Big-Boobs-Betty. D'un geste rageur, la jeune femme dont le dépit accroît la grande beauté, balaie les jetons d'ébène et d'ivoire. Elle et ses amies avaient tellement envie de se mesurer avec un de ces fameux Français dont on dit partout qu'ils sont tellement forts à ces jeux de hasard, les filles du Singe Rouge auraient sans doute pu singulièrement améliorer leur stratégie. Mais Wet-Wet-Gladys se montre intraitable, elle fait signe au jeune cadet aux gardes, fort satisfait du tour que prennent les événements, de la suivre.

Soudain, un cri déchire la nuit. D'Artagnan frémit, mais nul autre que lui n'y prête attention, sauf Nancy-Fussy-Pussy qui regarde la pendule et remarque qu'il est temps sans doute, à présent, d'aller desserrer les liens du baron Hopkins-Jones.

Trois heures. Trois longues heures durant, Porthos a dû attendre, caché derrière ces ânes, couché sur cette paille malodorante, dans cette touffeur insupportable, que s'éloigne le mari jaloux et ses amis appelés à la rescousse. Maudites mules. Jamais le mousquetaire n'aurait pensé que ces animaux étaient aussi malpropres et peu sujet à s'émouvoir de la présence d'un mousquetaire de Sa Majesté le roi de France et de Navarre dans la paille qui leur tient lieu de litière. Mais où est donc passé Aramis ?

Anne d'Autriche a un haut-le-cœur. C'est la seconde prison que la souveraine visite depuis ce matin. Dieu ! Combien de malheureux devra-t-elle secourir ? De combien de malades devra-t-elle s'approcher, et combien de plaies devra-t-elle contempler pour que le Tout-Puissant exauce sa prière et fasse que ce jeune homme présenté par sa chambrière puisse rapporter à temps les douze ferrets confiés à ce duc anglais de manière si imprudente ?

A l'invitation de Wet-Wet-Gladys, d'Artagnan pénètre dans une nouvelle pièce, plongée, au contraire de la précédente, dans la pénombre. Seuls deux bougeoirs posés à même le sol dispensent une tremblante et pâle lumière jaunâtre, mais, au fur et à mesure que ses yeux s'accoutument à cette lugubre lueur, le jeune cadet aux gardes découvre les colonnes torsadées et les voûtes gothiques, les fenêtres, hautes et étroites, le sol aux dalles noires et blanches qui composent un décor d'autant plus inquiétant que le Gascon n'en comprend pas le dessin, apparemment chargé de symboles au sens mystérieux, à l'instar de ce blason qui évoque à n'en pas douter les Templiers, poussés à se réfugier en Angleterre par la colère du roi de France Philippe IV le Bel.

– Mais nous sommes dans une église ! s'exclame à voix haute le militaire français.

Oui, Wet-Wet-Gladys acquiesce, ou plutôt, dans une ancienne chapelle, dédiée à sainte Ava, la fondatrice de cette maison, et bâtie par ses reconnaissants voisins. La jeune femme explique que cet édifice, désaffecté du temps de la reine Elisabeth, a depuis lors été transformé en salon particulier car beaucoup des clients du Singe Rouge s'en trouvent stimulés, paraît-il. Du reste, l'autel que voici sert encore parfois, précise Wet-Wet-Gladys qui assure, sans trop de conviction, détester cela. Le marbre, c'est trop dur et trop froid.

– Enfin, chaque métier a ses exigences propres ! J'imagine que vous, c'est la même chose.

D'Artagnan est tout à fait déconcerté et, afin de se donner une contenance, il feint de s'intéresser à l'architecture de la chapelle, quoiqu'il n'y connaisse rien bien entendu et éprouve les pires difficultés à distinguer, de manière générale, une voûte romane d'une croisée gothique. Le cadet aux gardes s'approche des curieuses effigies de pierre installées dans ce qui fut le chœur de l'édifice.

– Et ces statues ?

Le Gascon n'a jamais rien vu de semblable, ces effigies sont tellement provocantes ! On dirait des divinités païennes, à moins qu'il ne s'agisse de Marie-Madeleine, ou de quelque chose comme ça, se demande d'Artagnan.

Wet-Wet-Gladys ne sait pas. Bien qu'elle connaisse la plupart des artistes de la cour, la jeune femme ne s'y entend guère, en sculpture, et elle est fort loin de savoir, ce qui la réjouirait pourtant, que ce sont là les anciennes pensionnaires d'Ava Mac Cormick qui ont, il y a bien longtemps, prêté de fort bonne grâce leur irréprochable plastique à des sculpteurs, ravis, chargés d'immortaliser le dévouement des jeunes femmes.

D'Artagnan n'a cure, en fait, de ces statues. Il lui fallait parler, entendre la voix de Wet-Wet-Gladys, tant est grande son appréhension depuis qu'il est entré dans l'ancien oratoire. Oui, le cadet aux gardes entend seulement obtenir, au plus vite, les quatre ferrets manquants.

– Au fait, demande d'Artagnan, soucieux de poursuivre cette conversation qui le rassure quelque peu, pourquoi possédez-vous un surnom aussi étrange ?

Le soldat venu de France veut-il vraiment le savoir ? demande la jeune femme avec un engageant sourire.

Le cadet aux gardes flaire le piège. Non, après tout, c'est sans importance. Wet-Wet-Gladys soupire, un peu déçue. Tant pis. Bon, alors venons-en à la raison de cette visite. Ainsi donc, Bucky envoie le vigoureux Gascon. Sa Grâce lui a donc parlé du Singe Rouge ? Mais qu'est-ce que le jeune cadet aux gardes aime donc faire ?

Avant même que le militaire lui réponde, Wet-Wet-Gladys examine le jeune cadet aux gardes sous toutes les coutures et réfléchit, puis envisage, tour à tour, de proposer d'appeler certaines, et puis, après tout pourquoi pas ? toutes les pensionnaires du Singe Rouge afin de mettre en œuvre une sarabande de Brighton, à moins que la ronde de Hastings... Oui, c'est ça, la chevauchée de Hastings, tous les militaires adorent cette figure. Néanmoins, pense Wet-Wet-Gladys, cela peut constituer un réel danger, surtout avec un jeune homme qui semble, somme toute, ne pas être très expérimenté. D'Artagnan devine, plus ou moins, ce dont il s'agit.

– En fait, je ne suis pas du tout venu pour cette raison.

Wet-Wet-Gladys a bien du mal à cacher sa stupéfaction. Elle flaire le piège.

– Non. Je suis ici à cause des ferrets.

– Quels ferrets ?

D'Artagnan soupire. Voilà que cela recommence. Alors, le cadet aux gardes reprend ses explications, enfin, les ferrets dont la jeune femme s'est emparée chez le duc de Buckingham l'autre nuit !

Pour être une catin, l'Anglaise n'en a pas moins le goût très sûr, ainsi que le cadet aux gardes le constate en entendant la réponse que celle-ci lui fait. Ah ! Le Français veut parler de ces énormes morceaux de verre brillant, sertis de si affreuse manière ? Wet-Wet-Gladys se demande bien ce que Sa Grâce pouvait faire avec cela. D'Artagnan s'indigne, ou fait mine de s'indigner, car il lui faut tout de même défendre son roi et sa reine. Wet-Wet-Gladys sait-elle que ces ferrets sont en diamants et ont été offerts par la reine de France en personne à Sa Grâce, que chacun de ces joyaux représente à lui seul une véritable fortune, et que seul un roi, un prince est assez riche pour acheter de tels bijoux ? Si d'aventure, un évêque voire un cardinal...

Mais le cadet aux gardes n'a pas le temps d'achever que Wet-Wet-Gladys part d'un grand éclat de rire. Ah ! C'est trop drôle ! Tout de même, cette reine de France, quelle gourde de se défaire ainsi de ses bijoux, et pour les beaux yeux de Sa Grâce, de surcroît, ce mauvais sujet qui n'a de cesse de courir de jupon en cotillon !

Devant l'insistance du cadet aux gardes, Wet-Wet-Gladys précise. Ces ferrets, la jeune femme ne les a plus ! Elle en a donné une paire à sa sœur Deborah, qui est actrice au théâtre de la Boule d'Or.

D'Artagnan s'inquiète. Et les deux autres ferrets, qu'est-ce que la jeune femme en a fait ?

Wet-Wet-Gladys en a donné un à la fille de la fermière chez qui elle a placé ses deux enfants en pension. Pour que ces deux pauvres petits amours, les pauvres choux, ne manquent de rien ; elle était si démunie, elle, lorsqu'elle était jeune.

– Comment donc ?

Oui, avec la vie qu'elle mène, explique la jeune femme, celle-ci ne peut tout de même pas garder ces deux enfants dans les salons du Singe Rouge. Mais lorsqu'elle aura mis suffisamment d'argent de côté, Wet-Wet-Gladys achètera une maison, dans une campagne tranquille, et elle y vivra avec sa petite famille, loin des pourritures de cette ville.

– Bien, et le dernier ferret ? s'impatiente d'Artagnan qui n'a jamais ressenti le moindre intérêt pour les jeunes enfants, et encore moins pour les bâtards d'une catin britannique.

Oh, Wet-Wet-Gladys ne savait pas quoi en faire, elle croit bien qu'elle l'a accroché hier, pour s'amuser, au cou de l'un des cygnes qui glisse sur la Tamise, en contrebas. L'oiseau est sans doute loin, à présent, et le bijou probablement enfoui dans la vase.

– Je suis désolée.

D'Artagnan est soudain devenu livide. Ah ! Grand Dieu ! Le cadet aux gardes savait bien que cela finirait ainsi ! Il ne pourra mener à bien sa mission, et jamais sa mère, ni la reine de France, ne le lui pardonnera ! Le Gascon, pour échapper au courroux des deux femmes, va se trouver contraint de demeurer en exil toute sa vie durant, jamais plus il ne reverra la France et sa Gascogne natale ! Quelle misère, il ne pourra pas entrer dans le corps des mousquetaires du roi Louis XIII, ni n'aura désormais l'occasion de contempler le doux visage, voire davantage, de Constance Bonacieux.

Allons, que le jeune cadet aux gardes ne sombre pas ainsi dans la plus noire des mélancolies, intervient Wet-Wet-Gladys. La jeune femme a dit cela pour rire, elle n'a jamais approché de cygne de sa vie, elle a ces animaux orgueilleux et prétentieux en horreur, elle a donné l'ultime ferret à Screaming-Shirley. Au militaire français de se débrouiller pour le récupérer.

Wet-Wet-Gladys sourit. D'Artagnan pense, très fort, à sa mère et à Constance Bonacieux, ou plutôt, aux gros seins de Constance Bonacieux qui, à présent, lui semblent un peu plus à sa portée.

Mais soudain, une sorte de crissement, grave, résonne dans l'ancienne chapelle.

Parce que ses nerfs sont depuis longtemps à vif, d'Artagnan a bondi. Beaucoup plus calme, son métier et les tracas inhérents obligent, Wet-Wet-Gladys regarde autour d'elle. Il lui semble que c'est venu de ce côté-là, à moins que ce ne soit de ce coin-ci. La directrice du Singe Rouge n'est, à dire vrai, guère inquiète. Sans doute une pierre qui a glissé, ou un vitrail que le vent tourmente, ce qui n'est guère étonnant, tant cette vieille bâtisse gémit de temps à autre, sans doute pour protester contre l'usage impie que Wet-Wet-Gladys fait d'elle.

– Ah ! s'écrie le cadet aux gardes, avez-vous entendu, cette fois, un grincement ! on dirait que cela provient de ces tombes qui sont là-bas, dans la pénombre.

Là, sur le bas-côté ? Oh, ce sont les sépultures des premières habitantes de cette maison, remarque Wet-Wet-Gladys. Une malicieuse lueur illumine le regard de la jeune femme qui poursuit son explication, avec une fausse nonchalance. C'est sans doute un signe envoyé par Ava Mac Cormick, qui a dû se lasser de la monotonie de sa vie dans l'au-delà et a décidé, en voyant un beau gaillard comme l'émissaire de la reine de France, de revenir ici-bas reprendre un peu de service.

Mais d'Artagnan ne goûte pas la plaisanterie, il est transi de peur. Au fond d'elle-même, Wet-Wet-Gladys souhaite, pour le bien du cadet aux gardes, que ce dernier s'aguerrisse, car dans le cas contraire, sa carrière de militaire risque fort de n'être qu'un long calvaire, à moins, bien sûr, que le soldat, une fois envoyé à la guerre, parvienne à s'infiltrer dans les lignes adverses pour y semer la panique et démolir le moral des troupes en leur offrant le spectacle de sa mine aisément terrifiée.

– Allons, partons d'ici.

La jeune femme va souffler les bougies de l'autel, puis, accompagnée de d'Artagnan qui la suit comme son ombre, elle quitte la chapelle, à la seule lumière de la lune, par une petite porte, fort basse et surmontée d'un diable grimaçant au front orné de quatre cornes torsadées.

A présent, propose Wet-Wet-Gladys, il faut que le cadet aux gardes prenne un peu de repos, car il est, cela se voit, à bout de forces. Au demeurant, la ville dort, maintenant, et si la canaille court les rues, les honnêtes gens se reposent, et le théâtre de la Boule d'Or est fermé. Aussi, pour le moment, que l'émissaire de la reine aille trouver Screaming-Shirley, c'est ce qu'il a de mieux à faire, propose Wet-Wet-Gladys.

L'estomac du Gascon se noue. Mais Wet-Wet-Gladys n'est point sotte, qui lit la peur dans le regard du Gascon. Bon, pour Screaming-Shirley, Wet-Wet-Gladys s'en charge, elle va récupérer le ferret. D'Artagnan, pour un peu, se jetterait au cou de la directrice de l'établissement. Que le cadet aux gardes aille se coucher dans le grand salon, Wet-Wet-Gladys se porte garante de son repos, mais, d'ailleurs, les filles sont épuisées, la jeune femme les connaît, elles devraient laisser le militaire tranquille.

– Ce sera bien la première fois qu'un homme dort, seul, au Singe Rouge.

A peine la jeune femme et le cadet aux gardes sont-ils sortis de la chapelle, qu'un sinistre grincement retentit dans l'édifice. Le lourd couvercle, orné de caractères gothiques, de l'un des sarcophages de la nef, la sépulture d'Ava Mac Cormick, vient de se déplacer sur le côté. Puis, la pierre tourne lentement sur elle-même, une main sort du caveau et achève de pousser la lourde dalle qui demeure, en équilibre instable, sur le rebord du tombeau de pierre.

L'instant d'après, une mystérieuse silhouette se glisse hors du sépulcre. Après avoir ôté de ses élégants habits la poussière qui s'y était accrochée, l'ombre inspecte les alentours, et tend l'oreille afin de s'assurer que personne ne s'approche. Ensuite, d'un pas fort décidé, la forme traverse la sombre chapelle et, arrivée devant la porte basse, marque un temps d'arrêt, puis contemple un moment l'effigie du démon avant de caresser les cornes sculptées dans la pierre grise.

Et l'homme qui suit d'Artagnan depuis que ce dernier a quitté Paris se réjouit alors, en ricanant doucement, de la prochaine perte du cadet aux gardes. L'homme ivre de haine. L'homme qui a dû demeurer enfermé dans une tombe avec, pour seule compagnie, un tas d'os poussiéreux et toutes ces sales bêtes ! Enfin ! En voilà un qui ne l'embêtera plus. L'homme sort de sa poche un rat inerte et le jette à terre avec un grand geste de colère. L'animal retombe sur les dalles disjointes, dans son cœur est plantée une longue épingle d'or ornée d'un blason. Les armes d'une illustre famille française.

Peu après, Rochefort, l'âme damnée du cardinal de Richelieu, s'apprête à passer une nuit à la belle étoile, emmitouflé comme il le peut dans sa longue cape noire, sur le pavé luisant de l'une de ces affreuses ruelles puantes du vieux Londres. Si seulement il avait pu demeurer à l'intérieur du Singe Rouge. Est-il juste que, lui, soit contraint de demeurer dehors, alors que ce blanc-bec de cadet aux gardes est au chaud, à l'intérieur, en compagnie des femmes les plus expertes de la capitale anglaise ? Pourquoi donc Rochefort est-il fidèle à Son Eminence qui rétribue si mal ses inestimables services ? Et qui donc est cet homme qui, Rochefort ne peut se tromper, rôde non loin de lui depuis son arrivée à Londres ? Un ami de d'Artagnan, peut-être, chargé de veiller, à distance respectable, à la sécurité de son ami, un de ces maudits mousquetaires ? Aramis, Porthos, Athos ? Quel qu'il soit, qu'il s'approche donc et s'attaque à Rochefort, il goûtera à la rapière de l'envoyé du très puissant, très habile et très intrigant cardinal de Richelieu.

Au théâtre de la Boule d'Or, édifié de par la volonté des autorités dans le faubourg de Shoreditch, le désespoir le dispute à l'affolement et, derrière le rideau qui cache l'étroite scène au public, le directeur de l'établissement fait les cent pas, tempête, se lamente et menace. En effet, les Londoniens, nobles ou roturiers, boutiquiers ou artisans, sont venus en nombre assister à la première représentation d'une toute nouvelle pièce. Or, un des comédiens, Jasper, manque à l'appel.

Le directeur vient d'apprendre de la bouche du régisseur, William, que Jasper est parti, quelques heures auparavant, dans un ermitage des Costwolds, probablement, comme l'explique William, pour revêtir une robe de bure, prononcer ses vœux, et passer le temps qui lui reste à vivre à se nourrir d'eau et de pain, à grelotter de froid et d'ennui dans sa cellule et à se relever au beau milieu de la nuit pour remercier Dieu de la vie qu'il mène, enfin, à faire toutes ces choses que l'on pratique couramment dans les ermitages. Et le régisseur du théâtre de la Boule d'Or hausse les épaules de l'air de celui qui ne se sent guère concerné par les dérèglements de ses semblables.

– Mais tout ceci est inepte !

Le directeur du théâtre est fou de colère. Enfin, que William lui explique, qu'est-ce qui est donc passé par la tête, certes réputée faible, de Jasper ? Un coup de folie, une déception sentimentale ? Est-ce l'absurde conséquence d'un pari stupide, effectué au cours d'une nuit passée en beuveries, comme Jasper en a l'habitude ? Non, le directeur n'y est pas du tout, c'est de la faute de ce moine, explique le régisseur, un peu embarrassé.

– Quel moine ?

Le moine que le directeur a engagé, hier soir, pour jouer la comédie.

Mais enfin, qu'est-ce que William chante donc là ? Cet homme n'était qu'un faux moine, et c'était, en revanche, un acteur français.

Non, justement, le directeur se trompe, explique William. Cet homme était un vrai moine, déguisé en acteur habitué à tenir des rôles de religieux. Et, en revanche, il était bien français.

Le directeur du théâtre de la Boule d'Or ne comprend plus très bien. Il est artiste, et non homme d'armes ou de loi, et se trouve quelque peu désorienté par les propos de son régisseur. C'est pourtant fort simple, reprend William, ce moine est un cagot, un calotin de la pire espèce. Parce qu'il estime, comme tous les suppôts du pape, que le théâtre est amoral et dispensateur de péchés, il s'est promis de tout mettre en œuvre pour sauver l'âme des comédiens du royaume d'Angleterre, tout en condamnant les établissements comme le théâtre de la Boule d'Or à faire faillite, quels que soient les moyens employés pour parvenir à réaliser pleinement ce dessein. Et le fourbe, qui a sans doute plus d'un tour dans son sac, à force de ruses et de faux-semblants, et afin de se faire engager pour incarner le prêtre, s'est fait passer pour un comédien précisément habitué à tenir ce genre de rôle, et il lui a été d'autant plus facile de berner le directeur que se mettre dans la peau d'un prêtre ne lui posait pas, étant donné son état, de difficultés particulières, puisqu'il était bien tout entier dévoué à la religion catholique, rappelle William à un directeur hébété.

Et dire que celui-ci a pris pour un habile rôle de composition ce qui était, en fait, inhérent à la véritable nature de ce moine, quelle sottise ! Le directeur, qui pensait avoir découvert un grand acteur, s'est en fait jeté la tête la première dans le plus infâme de tous les pièges ! Ce coquin de calotin a dû bien se moquer de lui, voici plus de vingt ans que le directeur fait ce métier, et il s'est laissé berner comme un imbécile au jeu de ce fourbe ! Mais que William poursuive, vite.

Alors, le régisseur continue son récit. En répétant son rôle, le moine s'est sans doute vite aperçu que le pauvre Jasper était, du point de vue de l'intelligence, le maillon faible de la troupe, celui des acteurs qui lui serait le plus facile à embobiner avec ses absurdes histoires de pauvres pécheurs, de démons, d'enfer et de rôtissoire éternelle. Et il l'a si bien sermonné que Jasper, convaincu par un prêche enflammé, a décidé, après avoir passé un long moment à trembler d'effroi, de se retirer du monde et de se consacrer à assurer son salut éternel sans plus tarder. Voici ce qui explique qu'avant longtemps, Jasper sera cloîtré au monastère des Augustins de Wilshrington, s'il ne s'y trouve pas déjà.

Le couvent des Augustins de Wilshrington, frémit le directeur. Mais c'est épouvantable, il s'agit là du plus lugubre de tous les monastères du royaume. On dit que même le légat voudrait voir fermer ce couvent, tant la règle y est sévère et ses moines bornés et particulièrement obtus.

Oui, William le reconnaît, c'est bien triste, mais ce

n'est sans doute pas un hasard si Jasper a précisément choisi cette communauté, car les conversions tardives sont souvent les plus radicales.

Quel malheur ! s'apitoie le directeur. Pauvre Jasper, emmuré vivant, et de sa propre volonté, de surcroît ! Mais, au fait, comment William a-t-il eu connaissance de tous ces funestes événements ?

Par une lettre, précise le régisseur, que Jasper a adressée à Deborah pour lui annoncer sa retraite et l'engager fermement à en faire autant.

Ah, mais, alors, où est donc Deborah ? Pas dans un monastère, au moins ! C'est bien assez que l'un des acteurs du théâtre soit au couvent ! Le directeur ne tient pas à être obligé de se spécialiser, pour conserver son théâtre, dans la représentation de passions messianiques et autres drames religieux.

Le régisseur veut se montrer rassurant. Que le directeur n'ait crainte, car Deborah aime trop les plaisirs du monde pour y renoncer ! L'actrice est occupée à se préparer, enfin, si, du moins, sa colère est retombée. Car, poursuit William, lorsqu'elle a appris la conduite de Jasper, Deborah est entrée dans une rage telle que, malgré les efforts de sa femme de chambre, elle s'est mise à tout briser dans sa loge, miroirs, vases et pots à onguent. Le régisseur avait très peur que la comédienne n'en vienne à démolir sa loge et tout le théâtre de la Boule d'Or avec. Aussi, William a-t-il cru bon d'aller mander un chirurgien pour qu'il vienne saigner Deborah.

Oui, le directeur est satisfait, le régisseur a fort bien fait, rien de tel qu'une bonne pinte de sang en moins pour recouvrer ses esprits. Tout de même, cette Deborah, quel tempérament, oui, décidément, le directeur aime cette fougue, ce caractère fier et emporté ! Deborah est de la race des plus grandes, elle sera bientôt la plus réputée, la plus admirée de toutes les actrices de Londres, et lui, le directeur, le plus fortuné de tous les directeurs de théâtre ! Deborah sera même peut-être remarquée par le roi, qui en fera sa maîtresse attitrée, la dotera richement et, pourquoi pas, lui octroiera un titre. L'avenir du théâtre de la Boule d'Or est radieux. Mais le directeur ne savait pas Deborah à ce point entichée de cet esprit faible de Jasper. Pourquoi donc l'actrice a-t-elle conçu une telle contrariété ? En fait, selon William, bien plus que le sort de Jasper, la perspective de voir annuler, faute de comédien, la représentation d'aujourd'hui, a causé la colère de Deborah, car le directeur sait à quel point l'actrice tenait à ce rôle. Et puis, celle-ci sait que le duc de Cardiff, dont les largesses sont très fameuses, est là, au parterre. William écarte les deux pans du rideau de scène, puis désigne les spectateurs du premier rang. C'est vrai, constate le directeur, le célèbre aristocrate est là, en compagnie de toutes les personnes de sa coterie, une des plus influentes des sociétés qui composent la cour de Saint-James. C'est une chance, un honneur et un très grand bonheur.

– Vous voulez dire, un grand malheur, monsieur le directeur !

Car William le fait, à juste titre, remarquer, la troupe du théâtre de la Boule d'Or est bien incapable de donner la représentation attendue, puisque deux des acteurs, l'influençable Jasper et le vrai-faux moine manquent, et pour longtemps, à l'appel.

– Ah ! Vous avez raison, William, mais enfin, de quelles perfidies ces maudits moines sont-ils prêts à user pour parvenir à leurs fins ! Puissions-nous être un jour prochain délivrés de ces maudits rois Stuart et de tous les bigots qui ont relevé la tête depuis qu'une dynastie catholique est revenue occuper le trône de la grande Elisabeth, loué soit son nom et la peste soit de tous les papistes et de leurs partisans !

Soudain, à voir le visage du régisseur, le directeur comprend qu'une épouvantable pensée s'insinue dans l'esprit facétieux de William qui semble pourtant loin d'être gagné par la morosité ambiante.

En tout cas, le directeur espère que le comédien tenant le rôle de l'assassin ne s'est pas évadé des geôles de Sa Majesté, autrement, la mission qui est la sienne, assurer coûte que coûte la vie et la prospérité du théâtre de la Boule d'Or, va au devant d'un certain nombre de complications.

Les trois galeries du théâtre sont pleines à craquer, sans parler du parterre, et les amis du duc de Cardiff commencent à s'impatienter. Le directeur est désespéré, et il se tourne vers le régisseur. Que faire ? Il a bien peur d'être tout simplement obligé d'annuler le spectacle. Quelle honte, quel déshonneur ! L'établissement ne s'en relèvera jamais ! Le directeur va être contraint de quitter le théâtre, de tout abandonner.

Mais non ! William pense tenir une idée. Tout espoir n'est pas mort ! Que le propriétaire du théâtre dise aux funambules de venir accomplir quelques acrobaties afin de distraire le public, cela fera toujours gagner un peu de temps, un temps précieux. Mais le directeur hésite et demande : et après ces quelques minutes gagnées, que faire ?

– Et bien, je crois que vous allez vous faire moine à votre tour !

Le directeur ne comprend pas bien. Son homme de confiance ne pense-t-il pas qu'il est bien suffisant, pour aujourd'hui, que Jasper soit entré au couvent ? N'est-il pas assez que le théâtre ait envoyé, aujourd'hui, un de ses membres finir sa vie dans un monastère ?

Mais William détrompe son maître. Celui-ci ne doit pas se faire religieux pour de vrai, il va simplement tenir le rôle que devait incarner cet abominable moine qui a envoyé Jasper au couvent. Après tout, le directeur doit connaître la pièce par cœur, à force de regarder jouer les comédiens, non ?

Mais, alors, demande le directeur, totalement abasourdi, à qui va-t-il bien pouvoir confier le rôle de Jasper ?

Mais à William, bien entendu.

Comment cela ? Le régisseur plaisante-t-il ?

– Pas du tout !

Mais enfin, constate le directeur, le régisseur ne ressemble pas du tout à Jasper ! Et c'est Jasper que le public attend, pas lui.

Pourtant, le régisseur fait remarquer que s'il porte le même costume de scène et la même perruque que Jasper, nul ne verra que ce n'est pas lui, il s'en porte garant. Enfin, s'emporte le directeur, c'est impossible, le régisseur ne connaît même pas la pièce !

Et Jasper, le directeur croit-il qu'il le savait, son texte, toujours à bafouiller, à s'empêtrer dans ses répliques ? Non, poursuit William, il faut le croire, si tout le monde y met du sien, cela va très bien se passer.

Du reste, le régisseur n'aura qu'à se placer non loin du fond de la scène. On pourra ainsi lui souffler le texte au fur et à mesure des scènes, en cas de besoin.

Le directeur apprécie fort le fait que William soit ainsi prêt à se sacrifier pour sauver le théâtre, il lui en est même, d'ores et déjà, profondément reconnaissant. Mais tout cela ne cache-t-il pas un formidable appétit de pouvoir, et l'homme de confiance du théâtre ne voit-il pas déjà, en son for intérieur, son nom briller au plus haut de l'affiche, en songeant déjà à la célébrité, à la gloire et aux honneurs ? Peut-être parce qu'il lit dans l'esprit du directeur, William tient à rassurer ce dernier. C'est trop d'honneur, pour le régisseur, que d'avoir à assurer l'avenir et la prospérité du célèbre théâtre de la Boule d'Or.

Quant au directeur, il décide d'aller, lui-même, annoncer à Deborah que la représentation va tout de même avoir lieu et, donc, lui demander de se préparer en conséquence.

Le régisseur demeure seul et savoure déjà le succès de son plan machiavélique. Cela n'a pas été bien difficile de convaincre le directeur de revêtir ce costume de moine, l'imbécile n'y a vu que du feu. Le régisseur ne peut s'empêcher de sourire, car tout se met lentement, mais sûrement en place. Ah ! Ils vont voir ce qu'ils vont voir, tous ces acteurs qui le toisaient jusqu'à présent avec mépris et insolence ! Et la belle Deborah, qui n'a jamais daigné lui accorder les regards quémandés depuis si longtemps, elle va apprendre à goûter le plat de la vengeance que William s'apprête à lui servir.

Mais, pour le moment, rien n'est réglé et le temps presse. Car les saltimbanques sont sur le point d'achever leurs cabrioles. Le régisseur fourbe s'approche de la fenêtre. Mais quel est ce personnage sur le point de pénétrer dans le théâtre ? Il ne s'est pas mêlé aux retardataires et ne paraît pas être venu pour le spectacle. Sans doute est-ce le barbier appelé par ses soins venu faire une saignée à la belle Deborah ! Bon, qu'il entre, vite. Pour que tout se passe comme le régisseur l'a prévu, il est absolument nécessaire que la belle comédienne soit au mieux de sa forme. Aussi, le régisseur décide-t-il d'aller à la rencontre du barbier, c'est-à-dire de d'Artagnan.

Autant laisser d'Artagnan retrouver, un à un, les ferrets de la reine de France, pense l'homme, tandis que le cadet aux gardes pénètre dans le théâtre de la Boule d'Or. Autant le laisser mener à bien cette besogne fastidieuse, éventuellement dangereuse. Lorsque l'envoyé de la souveraine sans pudeur ni honneur sera en possession des douze bijoux, il sera aisé de les lui dérober. Décidément, la vieille sorcière du Yorkshire avait raison.

Le régisseur entend faire montre d'assurance et d'amabilité. Monsieur vient sans doute pour Mlle Deborah ?

Oui, c'est cela ! répond d'Artagnan qui ne s'étonne pas le moins du monde d'être ainsi attendu. Car le jeune Gascon ne doute pas un instant que Deborah, déjà instruite par sa sœur Wet-Wet-Gladys, a envoyé le directeur du théâtre de la Boule d'Or à sa rencontre, car sans doute est-ce lui, pense le Français.

William prend, déjà, plaisir à diriger le théâtre. Avec grâce, il demande au jeune Gascon, pour accomplir la mission qui est la sienne, de prendre les plus expresses précautions. Car c'est, précise-t-il, que Mlle Deborah est si sensible, les nerfs des actrices, inutile de vous le dire, sont d'une extrême fragilité et du reste garants de la sensibilité de leur jeu.

Oui, bien entendu, acquiesce d'Artagnan qui comprend tout à fait que la jeune comédienne ne soit guère ravie à la perspective de devoir rendre à l'émissaire de la reine de France de si admirables bijoux. Mais que toute crainte soit sur-le-champ dissipée : d'Artagnan saura faire montre de doigté.

Bien. Mais c'est que Monsieur a peu de temps, en vérité. La prochaine représentation doit commencer dans quelques instants.

Pour ce qu'il a à faire, assure le Gascon, ces quelques instants devraient être suffisants, que M. le directeur en soit assuré.

– Ainsi, donc, vous êtes français, constate le régisseur qui se demande pourquoi diable un barbier du continent est venu s'installer en Angleterre.

D'Artagnan a beau s'interroger, mais non, il ne

voit pas très bien pourquoi son interlocuteur s'étonne du fait que la reine de France ait choisi un de ses compatriotes pour défendre ses intérêts et sa pudeur, et lui rapporter ses douze ferrets. Mais mieux vaut ne rien dire, car les espions rôdent, sans doute.

Et, quelques instants plus tard, les deux hommes se retrouvent devant une porte derrière laquelle se trouve la loge de Deborah, ainsi que l'attestent les récriminations qui retentissent au travers des minces cloisons de bois.

Ah ! Jasper préfère au lit de la confortable demeure de l'actrice la froide et dure paillasse d'une cellule de moine ! Ah ! Il aime mieux être réveillé par les cloches sonnant les matines plutôt que par ses tendres caresses ! Ah ! Il préfère manger dans une grossière écuelle de terre cuite plutôt que dans sa porcelaine fine ! Que le diable emporte ce Jasper ! A jamais ! Puisse-t-il ne jamais plus paraître devant elle !

Le régisseur pense qu'il est préférable de laisser là le supposé barbier qui, sans doute, sait comment s'y prendre avec les femmes énervées, car c'est, après tout, son métier, et ce pour quoi il sera grassement payé s'il parvient à mener à bien sa mission.

Bon, mais que d'Artagnan n'oublie pas, ajoute William, tandis que, dans la pièce voisine, les cris redoublent d'intensité, que Mlle Deborah doit jouer dans quelques minutes. Que Monsieur ne se montre donc pas trop brusque, si cela est possible.

Que le régisseur du théâtre de la Boule d'Or soit tranquille, répond d'Artagnan, quelque peu interloqué d'être suspecté de pouvoir en venir aux mains dans une affaire qui, à titre principal, met en scène une dame, enfin, presque, puisqu'il ne s'agit que d'une actrice, après tout.

Rassemblant son courage, le jeune cadet aux gardes frappe à la porte de l'actrice. La femme de chambre, venue ouvrir, prévient le jeune Français qu'elle prend, elle aussi, mais comment pourrait-il en être autrement, pour le barbier attendu :

– Ah ! Vous voilà enfin ! On peut dire que vous tombez bien, mais ne vous en faites pas, le plus gros est passé ! Mlle Deborah est presque calmée, à présent.

D'Artagnan, qui découvre le désolant spectacle qui s'offre à lui, n'ose pas imaginer ce qui s'est passé dans la loge. Tentures lacérées, bibelots fracassés, vitres brisées et meubles renversés : la loge de la comédienne est dans un bien triste état. Tandis que la femme de chambre, patiente et docile, s'emploie à remettre un peu d'ordre dans ce lieu dévasté, d'Artagnan s'avance prudemment vers Deborah, occupée à lacérer le portrait de Jasper en costume de scène qu'elle avait fait accrocher au-dessus de son lit de repos, un beau meuble offert par le duc de Cardiff lui-même. Le cadet aux gardes toussote pour attirer l'attention de la comédienne délaissée. Il ne voudrait pas déranger la flamboyante comédienne, mais il se permet néanmoins de lui faire remarquer qu'il est arrivé, comme elle peut le constater. Et il croit savoir, du reste, que Mlle Deborah est prévenue de l'objet de sa visite.

L'actrice se retourne vivement, dévisage le jeune homme avant de lui rétorquer d'une voix vibrante :

– Evidemment, auriez-vous préféré me prendre par surprise ?

Devant la vivacité de la jeune femme, le cadet aux gardes s'empresse de la rassurer. Non, bien sûr. D'ailleurs, si cela peut lui être d'un quelconque réconfort, il avoue bien volontiers que la commission dont il doit s'acquitter ne lui est guère agréable, il le déplore, mais, hélas, il a des ordres, et il doit s'y conformer.

Le jeune Français ne peut s'empêcher de fixer les

deux ferrets étincelants qui ornent la gorge de la comédienne.

– En effet, monsieur, mais puisqu'il faut en passer par là, faites votre devoir et finissons-en rapidement. Je tiens à vous remercier néanmoins de ces prévenances, car je n'y ai, jusqu'à présent, guère été habituée, de la part de gens tels que vous.

Deborah est à présent apaisée, ou peu s'en faut. Car elle ne voit pas d'un mauvais œil un jeune homme, assez bien tourné ma foi, regarder sa gorge avec tant d'insistance.

Peut-être, avance d'Artagnan, serait-il plus doux à Mademoiselle de reporter tout cela après la pièce.

L'actrice s'étonne. Mais elle pensait que ce pour quoi d'Artagnan était là ne pouvait pas attendre. Deborah soupire, puis arrange avec ostentation la dentelle de son décolleté.

D'Artagnan regarde Deborah, perplexe. Mais, enfin, ce n'est pas parce que son devoir l'oblige à être désagréable à l'endroit de l'actrice qu'il n'est pas disposé à faire preuve de générosité et à montrer à la jeune femme qu'un homme tel que lui sait avoir du cœur lorsqu'il le faut.

Fort bien, Deborah voit que, pour faire le métier qui est le sien, d'Artagnan est néanmoins un gentilhomme. Va pour après la représentation, après, elle sera toute à lui.

La comédienne commence à se faire une idée assez précise de la tournure que pourrait prendre, selon elle, la suite des événements, du moins si son intuition fémininc est toujours au zénith de sa forme.

Le cadet aux gardes, il l'assure, n'en demande pas tant à la belle comédienne. Une fois qu'il aura fait ce qu'il doit faire, à son grand regret, il la laissera.

– Mais, nous n'avons pas encore parlé du dédommagement que vous êtes en droit de réclamer.

Un dédommagement ? s'étonne Deborah, soudain fort inquiète qu'un barbier propose d'indemniser une de ses patientes. Mais que signifie tout cela, et cette insolite proposition annoncerait-elle quelque maladresse ? L'actrice a peur.

D'Artagnan balbutie. Oui, enfin, ils verront, tente-t-il d'éluder car le cadet aux gardes n'a, en fait, pas la moindre idée de ce que peuvent bien valoir les deux ferrets et se demande ce qu'il pourra bien donner en échange à l'actrice, la reine de France et de Navarre ayant chichement compté les fonds qu'elle a mis à la disposition de son émissaire.

Deborah, franchement alarmée par les propos de d'Artagnan, réalise soudain que le vêtement de ce dernier ne ressemble pas du tout à celui que portent d'ordinaire les barbiers londoniens.

– Vraiment, monsieur, votre mise n'est pas celle que j'attendais.

D'Artagnan, qui n'a en effet pas eu le temps, ni les moyens, de quitter ses vêtements de voyage pour revêtir des effets plus présentables, est très vexé.

D'Artagnan accorde à Deborah que sa tenue n'est guère élégante. Mais est-il besoin d'être couvert de rubans pour sauver l'honneur d'une femme, s'enflamme le jeune Gascon qui, soudain, a l'esprit tout empli d'une ardente volonté de défendre, corps et âme, sa jeune souveraine.

Croyant bien évidemment que le garçon parle de son honneur d'actrice, Deborah se radoucit un peu mais ne peut s'empêcher de faire une remarque.

– Mais, je ne vois pas vos instruments.

La comédienne cherche des yeux la sacoche de cuir dans laquelle les barbiers rangent de coutume leur lancette et leurs lames.

Des instruments ? D'Artagnan n'en a point, son épée lui suffit.

– Votre épée, monsieur ?

Bien sûr ! Le cadet aux gardes n'a jamais craint de la dégainer lorsque cela s'avérait nécessaire.

Deborah est, à tout le moins, quelque peu interloquée.

– Mais, vous ne me ferez pas mal, au moins, et je tiens à vous prévenir que je ne supporte pas la vue du sang.

D'Artagnan s'indigne. Comment la comédienne peut-elle penser qu'il pourrait en être réduit à de si misérables extrémités ! Ainsi donc, Deborah le prend pour une brute épaisse, capable de la bousculer, de la violenter, peut-être, pour lui reprendre les ferrets !

Elle posait des questions, voilà tout ! remarque l'actrice qui ne comprend pas très bien pourquoi la conversation qu'elle pense avoir avec un barbier a pris une si étrange tournure. Soucieuse, donc, d'arrêter là cet échange de curieux propos, elle ajoute, d'un ton sans appel :

– Allons, descendons ensemble. La pièce va bientôt commencer.

La reine de France prend un peu de repos. Anne d'Autriche n'aurait jamais pensé que son royaume comptait tant de malheureux. Et que ceux-ci sont laids, malades et estropiés ! Combien de dotations devra-t-elle concéder, combien de secours l'épouse du roi Louis XIII devra-t-elle distribuer pour fléchir la pitié du Très-Haut ? Tandis que ses dames murmurent dans l'antichambre, la reine envisage, un temps, de se rendre sans attendre dans un couvent. Là, lorsque sa faute éclatera au grand jour, au moins sera-t-elle à l'abri des soldats de son époux, et donc des possibles et justes représailles engagées par un époux avili par sa faute.

Un moment plus tard, Deborah a pris place sur la très étroite scène du théâtre de la Boule d'Or. Seul un mince rideau cache l'actrice aux yeux des spectateurs qui sont au parterre et dans les trois galeries circulaires enserrant l'édifice. La comédienne ne pense qu'à la pièce qu'elle se prépare à jouer. La pièce, et rien d'autre. Car son public, son cher public, est là, qui attend de la voir, de l'entendre, de la retrouver, de l'applaudir.

Les spectateurs rient de bon cœur aux pitreries des baladins appelés à la rescousse. Bastonnades, pugilats et disputes s'enchaînent sous les silencieux encouragements du directeur qui, depuis les coulisses et à force de gestes, encourage les bateleurs.

En fait, Deborah se sent au mieux de sa forme, aujourd'hui, elle a même l'impression de parfaitement maîtriser son art. La fuite honteuse de Jasper, ce coup du sort qui l'a si durement atteinte dans un premier temps, aura eu pour conséquence ultime de lui redonner le goût du combat, l'envie de relever, une nouvelle fois, le défi que représente, pour l'artiste qu'elle est avant même d'être une femme, chaque nouvelle représentation.

– Vous êtes prête, mademoiselle Deborah ? demande la femme de chambre en ajustant la robe de l'actrice.

Oui, la comédienne a fini, ou peu s'en faut, de se préparer. Allons, que Mary tire bien le tissu, car aujourd'hui, Deborah veut avoir la taille très fine, encore plus mince que d'habitude. La camériste proteste, elle fait de son mieux, bien que la comédienne aille et vienne dans sa loge, gesticule, ne tienne pas en place. Mais que la camériste fasse attention, cette maladroite a une nouvelle fois piqué Deborah.

– Bien, mais cessez donc de bouger dans tous les sens...

Deborah s'énerve. Elle ne voit pas Othello et Desdémone, où sont-ils donc, elle a pourtant donné des ordres très précis. Sans doute, avance la femme de chambre, sont-ils restés là-haut.

L'actrice du théâtre de la Boule d'Or s'emporte. Cette sotte de Mary ne sait-elle donc pas que Deborah les veut à ses côtés chaque fois qu'elle monte sur scène ! Que la femme de chambre aille vite les chercher !

– Mais, je crois qu'ils se reposent, mademoiselle.

Qu'importe ! Deborah a besoin de leur présence. Depuis longtemps habituée à obéir à chacun des caprices de sa maîtresse, la femme de chambre s'en va.

Mais, déjà, le rideau s'ouvre. Deborah fait un pas vers les spectateurs et s'apprête à prononcer le long monologue par lequel s'ouvre la pièce lorsque, soudain, elle aperçoit, derrière un des piliers de bois qui soutiennent la scène, le directeur revêtu de son costume de théâtre, un habit de religieux, en tous points semblable à celui que portait le vrai-faux moine... Ignorant, bien entendu, qui se cache réellement sous ce vêtement, et ne doutant pas un instant qu'il s'agit du religieux coupable d'avoir incité Jasper à prendre une retraite anticipée, Deborah, tel un renard écossais se jetant sur un poulailler d'oies anglaises gavées jusqu'au bec, se rue sur l'infortuné. Ah ! ce misérable moine revient sur les lieux de son crime ! Mais il va apprendre à ses dépens, ce méprisable calotin, ce qu'il en coûte de causer du souci à Deborah, la meilleure de toutes les comédiennes à s'être jamais produites sur une scène londonienne.

Et la comédienne ne s'appelle pas Jasper, elle ne va pas se laisser prendre au piège des discours du vrai-faux moine.

Oubliés la comédie et les spectateurs. Pour Deborah, il n'y a plus qu'une chose qui compte : se venger, au plus vite, et de la manière la plus complète possible.

Le directeur implore, supplie, conjure, et tente de se mettre à l'abri en tournant autour du poteau.

– Mais enfin, Deborah, c'est moi, ne me reconnais-tu donc pas ?

L'actrice hurle, manque de tomber, se rattrape et reprend sa course pour s'efforcer d'attraper le directeur.

– Fermez le rideau, crie l'un des employés du théâtre.

Les spectateurs, dont aucun ne comprend bien ce qui se passe, se haussent sur la pointe des pieds et tendent le cou pour mieux suivre cette étrange course-poursuite dont certains assurent qu'il s'agit du prologue d'une pièce inédite, peut-être retrouvée dans les archives laissées par ce dramaturge né à Sratford-upon-Avon.

Le directeur du théâtre, en proie à la plus grande terreur, parvient néanmoins à échapper à l'actrice, et s'élance vers l'arrière-scène. Car le responsable du théâtre de la Boule d'Or, qui tremble de tous ses membres, n'a plus qu'une seule idée en tête : claquer au nez de la harpie qui le poursuit l'épaisse porte de chêne dotée de solides verrous qui se trouve devant lui, une porte dont rien ni personne ne pourrait venir à bout. Même pas une actrice, telle Deborah, dont le courroux décuple la fureur.

Mais le régisseur William est là, dans l'ombre, qui veille. Pas question de permettre au faux moine, c'est-à-dire au vrai directeur de s'échapper. Le fourbe s'empare d'un tabouret et le jette dans les jambes de celui dont il convoite la place depuis si longtemps. Le directeur trébuche, sans tout d'abord bien comprendre ce qui lui arrive. Et ce n'est que lorsqu'une fulgurante douleur le transperce qu'il comprend que Deborah vient de lui planter dans le dos un poignard effilé. Poignard que le régisseur a auparavant pris le soin de donner à la comédienne afin qu'elle puisse, au moment opportun, s'en servir contre la personne du vrai-faux moine, c'est-à-dire du directeur.

– Tout est fini, murmure le directeur qui, déjà, sent que le souffle glacé de la mort s'empare de son corps et de son esprit.

Il comprend, à présent : tout cet arrangement supposé, ces suggestions de déguisement, ce n'était donc qu'un piège, une ruse savamment mise au point par William qui le jalouse et convoite sa place. Ainsi donc, cela devait se terminer comme cela, en une véritable tragédie, c'est peut-être une chance, d'ailleurs, de mourir ainsi, pour un directeur de théâtre.

Dans les galeries et au parterre, les spectateurs, dont pas un ne croit qu'il s'agit là d'un vrai poignard et d'un vrai meurtre, se sont tous levés comme un seul homme pour applaudir. Soudain, quelqu'un crie. Du sang, il y a du sang.

L'instant d'après, une franche et belle panique s'empare du théâtre de la Boule d'Or.

– Sauve qui peut ! Un assassinat ! Regardez, l'actrice a tué le directeur !

– Comment cela, j'ai tué le directeur ? proteste Deborah. Mais pas du tout. C'est un moine, ajoute-t-elle en soulevant le capuchon du malheureux. Ah ! Mon Dieu, s'exclame la comédienne, mais c'est ma foi vrai ! J'ai assassiné le directeur du théâtre. Mais quelle idée, aussi, de se travestir de la sorte !

– Au secours ! hurle soudain William ! Arrêtez Deborah ! Elle vient d'assassiner le directeur !

– Au secours, hurlent les spectateurs.

Affolés, ceux-ci courent dans tous les sens. Les plus effrayés, tout en cherchant à s'enfuir, surveillent Deborah du regard, pour le cas, somme toute envisageable, où celle-ci aurait décidé de faire un massacre.

– Mais ne me regardez donc pas comme cela, s'indigne l'actrice.

Elle s'est trompée, voilà tout.

C'est à ce moment-là que la femme de chambre, qui n'a rien vu de toute la scène, redescend de la loge de sa maîtresse en compagnie d'Othello et de Desdémone, les deux chiots de l'actrice. Les deux animaux jappent et grognent de colère, furieux d'avoir été tirés de leur sieste, et tirent tant et si bien sur leur laisse que celle-ci se rompt. Les deux animaux se précipitent, en redoublant leurs aboiements, sur le public, tandis que la femme de chambre, qui n'a toujours pas aperçu le corps du directeur, pas plus, du reste, que le poignard que tient encore Deborah, regarde tout autour d'elle avec étonnement. Complètement dépassée par les événements et persuadée que les deux chiots qu'elle a laissé s'échapper sont la cause de ce désordre, la domestique court à droite et à gauche en criant :

– Mais n'ayez donc pas peur ! Ce ne sont que deux pauvres petits chiens de rien du tout ! Ils ne sont absolument pas dangereux !

C'est là peine perdue. Car personne ne prête attention à la malheureuse caméриste qui tente, en vain, de rattraper les deux animaux au milieu de l'indescriptible cohue. Dames de qualité, valets, gentilshommes et riches bourgeoises se bousculent, se cognent, se pressent et se heurtent les uns les autres en cherchant désespérément à s'enfuir de cet enfer.

D'Artagnan, demeuré jusqu'à présent à l'écart de toute cette agitation, décide, enfin, de passer à l'action. Etant donnée la tournure que semblent prendre les événements, le cadet aux gardes commence à se demander s'il pourra jamais emporter les ferrets abusivement détenus par Deborah. Le jeune Gascon décide de rejoindre l'actrice, demeurée sur la scène, mais la chose n'est guère facile, car une gigantesque pagaille s'est emparée de l'établissement. D'autant que les soldats du roi, vite arrivés sur les lieux, empêchent à présent les spectateurs effrayés de sortir. Le flot des personnes ainsi refoulées et le reflux de celles qui, ne sachant ce qui se passe exactement, essaient encore de s'enfuir s'entrechoquent et se contrarient au milieu des cris, des plaintes et des menaces en tous genres... A cet assourdissant vacarme s'ajoutent, de temps à autre, les jappements des chiens de Deborah, au comble de l'énervement et qui mordent de droite et de gauche, plus souvent qu'à leur tour, juste pour le seul plaisir, la fesse ou le mollet qui passe à portée de leurs petits crocs acérés.

Enfin, d'Artagnan parvient jusqu'à Deborah qui, elle aussi, tente de s'échapper.

– Mademoiselle, s'il vous plaît...

Ah ! Que le barbier la laisse tranquille. Si celui-ci croit que c'est le moment de pratiquer une saignée !

Mais, proteste l'envoyé de la reine, non, ce n'est pas cela !

– Enfin ! Vous ne voyez pas que j'ai des ennuis ? (L'actrice désigne le corps du directeur du théâtre.) Et qu'est-ce que vous me voulez, à la fin ?

– Vos bijoux !

Ah ! Ce barbier est donc aussi un voleur !

Mais non, loin d'être barbier, il est envoyé par la reine de France !

– Oh, ça va, arrêtez vos histoires ! Vous ne croyez pas que je suis suffisamment dans le pétrin ?

– Bon, écoutez-moi, conseille d'Artagnan. Un instant seulement.

Et le jeune homme de dissiper le malentendu sur sa véritable identité et de raconter son histoire à Deborah. Mais le cadet aux gardes a tout juste le temps de présenter son récit, aussi brièvement que possible : soudain, il aperçoit, à l'autre bout du théâtre, le régisseur qui se dirige vers eux, accompagné d'une escorte de soldats qui, du plat de leurs épées, se frayent, au milieu de la foule, un passage sans trop de difficultés.

– Regardez ! s'exclame William le fourbe. Messieurs ! La meurtrière est encore là ! Sur la scène !

Deborah a l'esprit vif. Elle aussi a vu arriver le régisseur. Elle se retourne vers d'Artagnan et l'implore :

– Ah ! Monsieur ! Vraiment, croyez-moi, ce n'est pas le directeur que je voulais tuer ! C'est une regrettable méprise, un traquenard. De grâce, aidez-moi à sortir de ce piège. Je vous donnerai ensuite les ferrets de bon cœur. Ce marché vous convient-il ?

Mais d'Artagnan n'a pas le temps de dire ce qu'il pense de l'accord que lui propose Deborah. La troupe les entoure, qui est parvenue tant bien que mal à contenir la foule. Du reste, la seule vue de l'uniforme des soldats du roi réussit à calmer les esprits. Puisque la représentation semble être quelque peu compromise, pensent les spectateurs, autant reprendre sa place afin de regarder ce qui va se passer à présent et qui risque, au demeurant, d'être bien plus distrayant que la pièce initialement prévue.

– Tu es perdue, Deborah, s'exclame William.

– La reine également, soupire le cadet aux gardes.

– Vous aussi, monsieur d'Artagnan, remarque la comédienne.

Deux personnages préfèrent s'en aller sans attendre. D'abord, l'homme qui suit d'Artagnan. Ensuite, et parce qu'il n'a plus aucun espoir de parvenir à ses fins, du moins pour aujourd'hui, le mangeur d'enfants de Old Bond Street, qui choisit de partir avant même d'avoir pu s'approcher de la petite fille blonde, dont la chair rose et si appétissante lui avait déjà donné, avant que ne surviennent les soldats du roi, des idées de cuisine et d'accommodage avec des échalottes.

– Au nom de la justice du roi, je vous arrête, Deborah Lexington ! s'exclame le capitaine des soldats, flanqué d'un régisseur au comble de l'agitation, tandis que ses hommes prennent place tout autour de la scène pour empêcher l'actrice, qui se serre contre d'Artagnan, de s'enfuir.

– Meurtrière ! hurle le haineux William, fou de rage que Deborah, une fois de plus, se jette dans des bras qui ne sont pas les siens. (Il ajoute :) tu viens tout juste d'assassiner le malheureux directeur du théâtre et, déjà, tu te précipites sur le premier venu.

– Traître, misérable ! Je comprends tout, à présent ! C'est toi qui a tout manigancé ! s'écrie la comédienne.

– Menteuse ! Traînée ! Morue !

Le régisseur vocifère puis, bousculant les militaires, il se jette sur l'actrice et la soufflette violemment, avant que le jeune cadet aux gardes, tout à fait dépassé par les événements, ait pu esquisser le moindre geste.

C'en est trop pour Othello et Desdémone. Les deux chiens sautent à la gorge du régisseur en jappant avec rage.

– Ah ! Voyez la perversité de cette femme ! hurle William. Elle a fait de ses deux jeunes chiens de véritables tueurs !

Il tente de repousser tant bien que mal les deux minuscules bêtes.

– Monstre ! intervient alors la femme de chambre.

Elle est absolument outrée que l'on ose porter la main sur les deux animaux.

La servante se jette sur le régisseur qui se défend comme il peut contre les assauts conjugués de la domestique et des deux animaux.

– Enfin, monsieur, s'exclame Deborah à l'adresse du Gascon, vous êtes français et respectez donc les dames, qu'attendez-vous pour secourir ma camériste ?

Conciliant à défaut d'être réellement dégourdi, ce dernier s'élance sur le régisseur et s'empresse de le rouer de coups.

L'instant d'après, la mêlée est, une nouvelle fois, générale. William, d'Artagnan qui serre contre lui les neuf ferrets de diamants qui sont en sa possession, Deborah et la femme de chambre échangent force coups de poing et de pied tandis que les deux chiots aboient de toutes leurs forces. Les spectateurs sont ravis. Tout compte fait, ils ont vraiment eu raison de rester.

Le capitaine des soldats, auquel plus personne ne semble s'intéresser, proteste.

– Allons, je vous en prie ! Un peu de calme ! Je vous rappelle que je dois arrêter une meurtrière. (Puis, à l'adresse de ses hommes :) Allons, attrapez cette femme et quiconque tenterait de lui venir en aide.

– Ah ! Je suis perdue, répète Deborah !

– Tu l'as déjà dit, meurtrière ! vocifère William.

Soudain, une porte, pratiquée à l'arrière de la scène, s'ouvre juste devant d'Artagnan et révèle l'existence d'une sorte de cagibi. Là, un homme, dont le visage ne peut être discerné par le cadet aux gardes à cause de la pénombre, lui déclare :

– Vite, monsieur d'Artagnan ! Par ici ! Venez !

Mais qui l'appelle ? se demande d'Artagnan qui connaît cette voix. Sa mère, venue le surveiller, ici, à Londres ?

– Allons, puisqu'on vous dit d'y aller ! s'exclame Deborah.

Elle pousse sans ménagement aucun le cadet aux gardes.

Un instant plus tard, et avant que le capitaine, ses soldats ou William aient pu esquisser le moindre geste, la comédienne et le jeune homme se retrouvent dans la mystérieuse pièce. L'homme s'empresse de placer un lourd madrier derrière la porte. Il paraît très satisfait et fait remarquer que cette installation sommaire mais solide devrait considérablement retarder ceux qui poursuivent l'actrice et le cadet aux gardes et vont ainsi mettre quelque temps à se débarrasser de cette poutre.

Mais, cette voix, d'Artagnan la connaît ! Le jeune homme se saisit d'un chandelier posé à même le sol, éclaire son bienfaiteur :

– Ah ! Athos ! Que fais-tu là ?

Le mousquetaire du roi est venu pour sauver le cadet aux gardes !

– Mais par quel miracle es-tu donc ici ?

– Mais c'est le vrai-faux moine, s'exclame Deborah.

Elle s'apprête à fondre sur Athos.

– Mais non, mademoiselle, vous avez en face de vous un mousquetaire du roi de France, un vrai, rectifie d'Artagnan.

– Y en a-t-il des faux ? demande Athos.

D'Artagnan fait un signe à son camarade, il lui expliquera plus tard. Que le mousquetaire parle, et vite, et dise par quel miracle il se trouve là.

– Je vais tout vous raconter, ajoute Athos. Avec Porthos et Aramis, nous avons pensé que, peut-être l'un de nous pourrait, à ton insu, te suivre jusqu'en Angleterre afin de te prêter main-forte le cas échéant.

Et le mousquetaire de raconter comment, en soudoyant les domestiques de Buckingham Mansion et du Singe Rouge, il a appris que Deborah possédait une paire de ferrets et est venu ici sans tarder, s'est fait engager et a cherché à s'emparer des bijoux. Hier soir, Athos était bien décidé à forcer la porte de la chambre de Deborah pour chercher les joyaux lorsque, soudain, un homme qui le guettait dans l'ombre s'est jeté sur lui. D'Artagnan a déjà compris :

– Jasper ?

Oui. Enfin, sans doute, d'après ce que Athos a pu comprendre.

– Mais pourquoi ?

Athos ne sait pas. Mais dans la lutte, terrible, qui s'en est suivie, le comédien a perdu la vie et emporté son secret avec lui. Athos s'est débarrassé du corps dans la rivière et a inventé toute cette histoire de conversion subite et de couvent pour retarder l'enquête.

– Et ce n'est pas tout.

Le mousquetaire montre à d'Artagnan un médaillon en or perdu par Jasper, une miniature du cardinal de Richelieu.

– C'est curieux, remarque Deborah, je ne connaissais pas l'existence de cette petite pièce. Sans doute est-elle destinée à permettre quelque effet de mise en scène ou à ranger de vieux costumes. Eh bien, vite, monsieur Athos, dépêchez-vous de nous montrer où se trouve la sortie !

– La sortie ? Mais il n'y a pas d'autre issue que la porte par laquelle vous êtes arrivée, mademoiselle ! C'est, du reste, par là que je me suis glissé dans cet étroit local, alors que personne ne prêtait attention à moi.

– Mais, alors, qu'allons-nous faire ? s'enquiert d'Artagnan.

Athos reconnaît qu'il n'en a pas la moindre idée.

Mais, dans ce cas, pourquoi Athos a-t-il attiré le cadet aux gardes et la comédienne dans ce placard à balais ?

Pour les soustraire à leurs ennemis, car Athos

avait cru comprendre que ses deux interlocuteurs étaient en mauvaise posture.

Mais, tôt ou tard, remarque Deborah, il va bien falloir qu'ils sortent d'ici, et le mousquetaire croit-il que les soldats du roi seront lassés de les attendre et seront repartis chez eux ?

Non, Athos ne le croit pas ! reconnaît ce dernier, ces militaires sont sans doute très opiniâtres, c'est du reste ce qui caractérise la plupart des soldats.

D'Artagnan demande alors à son ami quel est son plan.

Mais Athos n'a aucun plan, il a fait ce qu'il a pu pour les aider, voilà tout. C'est lui, son cher d'Artagnan, qui est officiellement en charge de cette mission et donc, c'est à lui de jouer, à présent.

– Quel imbécile, tempête Deborah. Nous sommes pris au piège.

Le Gascon conjure la comédienne de s'efforcer de garder son calme.

Que l'émissaire de la reine n'ait crainte. Ce n'est pas parce que Deborah est une femme que ses nerfs sont particulièrement fragiles, en tout cas, davantage que ceux de n'importe quel homme pris au hasard, dans les rues de Londres ou de Paris.

– Je vous demande pardon ?

Et Deborah d'expliquer que ses prétendues crises de nerfs ne sont que la manifestation du tempérament d'actrice que feu le directeur du théâtre de la Boule d'Or exigeait de ses comédiennes afin de susciter l'intérêt du public et, surtout, des plus vieux des riches aristocrates qui aiment la compagnie des comédiennes. Surtout, que le cadet aux gardes ne s'imagine pas, non plus, que l'actrice aime à s'entourer d'animaux aussi sots qu'Othello et Desdémone qui, elle l'espère d'ailleurs, auront été piétinés à mort durant la bousculade et dont elle n'aura plus l'occasion d'entendre les jappements suraigus, non, ces deux animaux encombrants et ne présentant pas l'ombre du plus petit intérêt servaient uniquement à mettre hors d'état de nuire, en s'attaquant à leurs chausses, les plus importuns des admirateurs de Deborah.

– Les hommes sont ainsi faits, voilà tout. Ils aiment que les femmes soient futiles et coléreuses, et qu'elles s'entourent de petits animaux de compagnie à qui elles prodiguent caresses et baisers, alors, je leur en donne pour leur argent, c'est mon métier, je suis actrice sur la scène et à la ville, et c'est tout.

Soudain, de grandes secousses ébranlent la pièce sombre. Des coups de hache, les soldats sont en train de démolir la porte.

Athos tente de plaisanter. La hache, déjà, semblable à celle qui va sans doute, et sous peu, les décapiter tous les trois afin de punir celle qui a tué le directeur du théâtre et ceux qui auront tenté de l'aider à échapper à son châtiment mérité. Oui, remarque d'Artagnan qui fait part de sa crainte de ne rien pouvoir faire pour empêcher les soldats de pénétrer dans le refuge. Il engage Deborah à se reculer afin de ne pas risquer de recevoir un mauvais coup sur la tête.

Les cognements sourds qui ébranlent l'abri de d'Artagnan et de ses deux compagnons se font de plus en plus violents. Déjà, au travers des planches de la porte, apparaît, en d'inquiétants rais zébrés d'échardes, la lumière du dehors.

– Ah ! La reine de France est perdue !

Deborah proteste. Que l'envoyé d'Anne d'Autriche songe plutôt à elle, qui va être condamnée pour le meurtre d'un homme qu'elle ne souhaitait absolument pas tuer ! Elle se moque de ce qui peut arriver à la reine de France, que le cadet aux gardes pense à sa carrière qui va s'achever, et tout cela, par la faute de ce régisseur envieux et jaloux ! Au lieu de songer à faire carrière au théâtre, Deborah aurait dû suivre le chemin de sa sœur, ainsi que leur mère les y avait engagées toutes deux, parce qu'elle voulait se venger de l'homme qui lui avait donné, malgré elle, ces deux filles.

Les cris que poussent les militaires en cognant sur la porte se font de plus en plus distincts. Un moment, les coups de hache cessent, et les trois prisonniers, sans oser espérer que cesse l'hallali, s'interrogent sur le sens du répit qui leur est ainsi accordé. Tout à coup, les chocs reprennent.

D'Artagnan, Deborah et Athos, serrés, recroquevillés dans un recoin, ne disent plus rien. Les dernières planches du panneau de bois volent en éclat. Le visage du duc de Buckingham apparaît.

– Enfin ! Eh bien, on peut dire que vous nous avez donné du mal ! Enfin, venez donc par ici, qui passe le premier ?

Le premier, d'Artagnan sort du réduit, sous l'œil étonné du directeur du théâtre de la Boule d'Or, revenu à lui depuis peu puisque la lame du poignard de Deborah n'a fait que glisser sur une côte.

Tandis que Deborah dépose dans le fameux écrin de bois de rose les deux ferrets qui étaient en sa possession, d'Artagnan et Athos remercient le duc avec une effusion non dénuée du respect qu'ils doivent au favori royal. Mais comment a-t-il donc su que les deux amis se trouvaient en si mauvaise posture au théâtre de la Boule d'Or ?

Une amie est venue prévenir Sa Grâce, une jeune et belle femme que le duc connaît de longue date, Milady de Winter, baronne de Scheffield.

– C'est curieux, remarque le jeune Gascon. Ce nom ne me dit rien. Connais-tu cette dame, Athos ?

Pourtant, poursuit le duc, Milady de Winter semblait ne rien ignorer du cadet aux gardes et de ses allées et venues, depuis l'arrivée du jeune Français en Angleterre, et elle savait également que l'un des ferrets se trouvait à la campagne, chez la nourrice des enfants de Wet-Wet-Gladys, la propre sœur de Deborah. Un de ses gens est allé l'y chercher.

– La nourrice ? Mais pour quoi faire ?

Et Buckingham raconte de quelle manière la jeune femme est venue le trouver peu après son entrevue avec d'Artagnan. Le cadet aux gardes est songeur. Il n'a jamais entendu parler de cette Milady de Winter. Comment cette dernière peut-elle être aussi bien informée sur les faits et gestes du jeune Gascon ?

Tandis que le duc de Buckingham s'éloigne en compagnie de Deborah, d'Artagnan réfléchit. Tout ceci n'a aucun sens, à moins que... A moins que Milady soit, elle aussi, mandatée par la reine de France pour recouvrer les ferrets ou, à tout le moins, protéger le cadet aux gardes et permettre à ce dernier de mener à bien sa mission. Oui. C'est cela, cette baronne de Scheffield est au service de la reine.

D'Artagnan est soulagé. Loin d'en concevoir du dépit, l'aide sur laquelle il peut désormais compter le rassure. Athos et cette lady de Winter, oui, deux personnes, dont une femme du grand monde, ne sont pas de trop pour rapporter à Anne d'Autriche ses ferrets. La date du bal de la Merlaison approche, et le cadet aux gardes, s'il est à présent parvenu à retrouver la totalité des ferrets, est encore bien loin du palais du Louvre, fait remarquer l'encombrante Mme d'Artagnan mère qui ne quitte, en fait, jamais tout à fait l'esprit de son fils préféré.

Buckingham propose aux deux militaires français, à présent que les douze ferrets sont en leur possession, de passer la nuit dans sa demeure. Le favori royal est d'autant plus pressé de régaler ses hôtes d'un souper fin que la place d'ordinaire occupée par la marquise de Northumberland est vacante, ce soir, l'amie du duc ayant été appelée chez une lointaine cousine, soudain tombée malade, et que, du reste, Deborah paraît ne pas laisser le duc indifférent. Wet-Wet-Gladys ne prend pas ombrage de l'intérêt que le duc de Buckingham éprouve pour sa sœur, car la propriétaire du Singe Rouge croit bien avoir épuisé, en compagnie de Sa Grâce, toutes les sortes d'expériences qu'ils étaient tous deux susceptibles de partager. Alors, autant laisser la place à sa sœur chérie.

Demain, à la première heure, les émissaires de la reine gagneront la côte sous bonne escorte. Un navire les y attend qui possède déjà les instructions de Buckingham.

Oui, explique le majordome, c'est un Bohémien qui s'était introduit dans le palais pour voler. Les gens du palais l'ont attrapé alors qu'il tentait de s'enfuir par les cuisines, sa besace était emplie de pièces d'argenterie. Nul doute que c'est lui qui a trucidé Margaret Higgins, la malheureuse a dû le surprendre et il n'a pas hésité à la supprimer. D'ailleurs, les gardes du palais sont en train d'interroger le malfaiteur qui a commencé à confesser son crime.

Tout à coup, l'intendant du palais s'interrompt, voyons, cette créature brune, attifée comme une courtisane, oui, un instant, le majordome croit que l'Egyptien est venu en compagnie d'une complice, et que cette dernière s'efforce de se faufiler dans la demeure ducale, sans doute pour délivrer son associé. Puis, l'intendant s'avise que la jeune femme brune, Deborah, qu'il s'apprêtait à désigner aux laquais, est en fait une des invités de son maître. Le visage de l'intendant se fige. Une catin, une de plus. Si, au moins, celle-ci entrait par la porte des communs, plutôt que de s'afficher ainsi sur le seuil de l'entrée principale du palais, l'honneur et les convenances seraient saufs, mais il n'en est rien. Le majordome est fatigué, lassé de prodiguer ses efforts pour faire de cette demeure un havre d'élégance et de bon goût comparable au palais du roi Charles. A quoi bon déployer tant de zèle et d'ardeur si Sa Grâce convie, au vu et au su de tout le monde, donc de la cour de Sa Majesté, des ribaudes maquillées comme des actrices ? La marquise de Northumberland est certes dotée d'un caractère entier, mais elle, au moins, c'est une grande dame.

L'intendant s'apprête à gagner les cuisines lorsque Wet-Wet-Gladys, elle aussi conviée à Buckingham Mansion, se présente à la conciergerie du palais. Dans un premier temps, songe le domestique, cela a été l'incendie, heureusement circonscrit, mais à présent, ce sont ces créatures. C'en est trop, demain, l'intendant s'en ira, tant pis, il renonce à continuer de détourner des bribes de la fortune de Sa Grâce à son profit, il va désormais s'employer à envoyer dans un autre monde sa tante aveugle, la riche héritière de Coventry qui s'est depuis longtemps juré de ne jamais donner d'autre nourriture à ses chères oies que de la chair humaine.

– Oui, c'est moi, Milady de Winter.

La jeune femme est belle. D'une beauté, pense d'Artagnan, d'autant plus troublante, que sa bienfaitrice possède une carnation d'une pâleur de lys, de grands yeux bleus languissants, des lèvres rosées, des mains d'albâtre ainsi qu'une somptueuse parure de cheveux qui retombent en longues boucles sur ses épaules. Et le cadet aux gardes est d'autant plus subjugué par tant de grâce que d'Artagnan ne s'est, depuis son départ de sa Gascogne natale, jamais trouvé face à une telle créature. Oui, Milady de Winter éclipse même le souvenir que le cadet aux gardes possède de la reine Anne d'Autriche. Au demeurant, il ne saurait plus être question, à présent, de cette Constance Bonacieux, de ses gros seins, de ses grosses hanches et de ses grosses cuisses.

– Madame, s'incline Athos, comment vous remercier ? Vous avez sauvé la vie de mon camarade.

– Oui, madame, grâce à vous, la reine de France est sauvée.

Le soir venu, un souper fin rassemble, autour du favori royal, les différentes personnes grâce auxquelles la reine Anne pourra, à n'en pas douter, bientôt arborer les ferrets offerts par son époux au bal de la Merlaison. La chère est abondante et, surtout, d'un raffinement extrême, car c'est Buckingham Mansion, et non le palais royal, qui possède les meilleurs cuisiniers de toute l'Angleterre. Le duc a d'ailleurs l'habitude de s'entourer, lors de ses dîners célèbres, de personnes qui ne doivent qu'à leurs seuls mérites, et non à leur illustre naissance, de pouvoir s'asseoir à la même table, que le plus célèbre et le plus puissant de tous les gentilshommes anglais.

Les meilleurs vins de France coulent à flot. L'argenterie resplendit. Les lustres étincellent. Sa Grâce aussi. Car George Villiers entend bien, avant de mener dans sa chambre de parade la belle Deborah, séduire cette dernière. Le protégé royal veut que l'actrice se donne à lui par désir, non par devoir.

D'Artagnan est tout empli de la satisfaction que lui confère l'accomplissement, prochain et inéluctable, de sa mission. Les ferrets, les douze puisque la nourrice a rendu le ferret manquant sans trop se faire prier, l'argent du duc ayant coulé à flot, sont enfermés à double tour dans le coffre-fort de Sa Grâce que veillent douze soldats, l'arme à la main. Personne, pas même Sa Majesté, ne pourrait s'approcher des bijoux sans l'ordre exprès du duc de Buckingham.

Le repas touche à sa fin. De temps à autre, et sans pour autant troubler la franche gaieté qui règne dans la pièce, retentissent les hurlements du romanichel, assassin présumé de Margaret Higgins, à qui les gardes du palais ne sont toujours pas parvenus à faire avouer son forfait. Certes, les cris du meurtrier sont atroces, mais il en faudrait davantage pour gâter l'allégresse des convives qui lèvent leur verre en l'honneur de d'Artagnan qui, lui, n'a d'yeux que pour Milady de Winter.

L'heure passe. Athos est fort désireux de prouver à Wet-Wet-Gladys que les Français ne le cèdent en rien aux Anglais pour ce qui regarde les choses de la galanterie. Mais, perplexité simulée ou véritable incrédulité, la jeune femme ne paraît pas vouloir croire le mousquetaire. Et puis, la curiosité est la plus forte, et Athos s'éloigne bientôt en compagnie de la directrice du Singe Rouge, sous les yeux de l'homme qui suit d'Artagnan depuis son entrevue avec la reine Anne.

Dans le même temps, Buckingham convie Deborah à visiter ses cabinets particuliers. Non sans avoir, au préalable, donné l'ordre à ses laquais de pousser les verrous de la petite porte, celle qui donne dans sa chambre de parade et dont la marquise de Northumberland possède la clef. On ne sait jamais.

D'Artagnan sent que la tête lui tourne. Le vin, la fatigue, et le vin encore, dont Milady de Winter ne cesse d'emplir et de remplir son verre. Le jeune cadet aux gardes est à ce point grisé qu'il ne voit plus ni la pièce opulente, et ses meubles somptueux, ni le visage défait des valets fourbus, pressés de débarrasser la table. Il n'a plus à l'esprit les dangers qu'il a dû braver, affronter et déjouer depuis son arrivée en Angleterre.

Plus rien, plus personne n'existe, ni la compagnie des mousquetaires, ni le roi, ni Anne d'Autriche, ni, surtout, cette empotée de Constance Bonacieux, avec ses grosses jambes, aperçues sous un jupon, et ses joues trop rouges. Car une seule pensée s'est emparée de l'esprit du soldat gascon : la baronne de Scheffield. Milady de Winter, qui est là, éblouissante, étincelante, aux côtés du Français. La chevelure de Milady. La voix, le rire, les yeux, la présence de Milady. Milady. D'Artagnan l'aime, la désire. Mais la belle aristocrate peut-elle s'intéresser à un militaire français d'obscure naissance et à qui le destin n'a pas encore offert l'occasion de faire la preuve de sa témérité ? Non, sans doute, car Milady est accoutumée à recueillir les hommages des plus grands noms du royaume de Sa Très Gracieuse Majesté et comment pourrait-elle accorder son attention à d'Artagnan ? Ah ! Si la baronne devinait quelle passion brûle dans le cœur du militaire, ce dernier ne connaîtrait pas l'humiliation de se voir moqué après s'être imprudemment déclaré. Mais, aussi, que veut-elle, cette femme au parfum si envoûtant ?

Le cadet aux gardes est fou de bonheur, car une créature éblouissante est là, toute proche. Et le soldat est au comble du désespoir, parce que Milady de Winter lui est inaccessible. Il lui faut boire, boire encore de ce vin épicé pour oublier quel tourment est le sien, oui, encore un verre de ce breuvage, le seul ami qui reste au cadet aux gardes, puisque personne ne peut partager, ni même deviner, la confusion qui a envahi son esprit depuis l'arrivée de Milady.

Milady de Winter approche son visage de celui du mousquetaire. Cette carnation, parfaite, cette gorge, admirable... Un feu, c'est un feu de glace, piquant et perçant, hurlant et cuisant qui tenaille le cœur du cadet aux gardes.

– Viens, Charles, suis-moi.

Un rêve. Une illusion due à l'ivresse, sans doute, pense d'Artagnan.

– Viens, je t'en prie, je te veux, Charles.

Tandis que le vin achève de s'emparer de son esprit, le cadet aux gardes entend Milady continuer de lui parler. Elle lui propose, lui enjoint plutôt, de la suivre dans l'appartement que le duc a mis à la disposition de la baronne.

Un rêve sans doute, alors, aller jusqu'au bout de ce songe, pense d'Artagnan. Guidé par la femme blonde, ce dernier se lève, décidé à se livrer tout entier à ce qui n'est sans doute qu'une illusion, mais si douce. La jeune femme referme sa main, si délicate, si menue, sur celle du soldat éperdu de bonheur, cette main, pense le militaire, ce ne peut être celle d'une chimère.

Les valets s'écartent. Par sainte Clotilde, dont la chapelle est au coin de la rue, ils ont bien cru que Milady ne parviendrait jamais à ses fins. En voilà un benêt de soldat qui tarde à se saisir des bonnes fortunes que le destin lui envoie, les Français sont-ils donc tous aussi nigauds ?

Le maître d'hôtel soupire et referme, derrière Milady et d'Artagnan, la lourde porte du salon. Un instant plus tard, les domestiques, qui ont pris place autour de la table du duc, s'attaquent aux abondants reliefs laissés par les convives. Tout de même, ce militaire français, il ferait bien de prendre des leçons auprès de Sa Grâce ! L'empoté, faire ainsi attendre Milady de Winter, celle qui n'a pas son pareil dans tout le royaume, toute la chrétienté, peut-être.

Milady n'a laissé qu'une seule bougie, tremblotante, et qui, bientôt, va mourir. Pourquoi a-t-il tant bu, pense le cadet aux gardes. D'Artagnan aperçoit le corps, nu, de Milady qui s'approche de lui. L'Anglaise passe ses bras autour du cou du soldat qui sent contre son corps, celui que lui offre la jeune femme.

– Viens, et laisse-moi faire, Charles.

Ensuite, d'Artagnan s'abandonne, tandis que l'Anglaise entreprend de lui ôter ses bottes. Mais non, impossible, c'est trop dur. Oh après tout, le cadet aux gardes peut bien demeurer chaussé, c'est même peut-être plus amusant.

L'instant d'après, d'Artagnan sent une bouche se refermer sur lui, puis, c'est le noir, l'obscurité, le néant. Est-ce là le bonheur, pense d'Artagnan avant de sombrer dans un profond sommeil tout à la fois dû au vin et au puissant somnifère que, durant le repas, une main discrète y a versé.

C'est dans cette partie du Vieux Louvre médiéval, dont les murs branlants jouxtent les bâtiments élevés suivant les plans de Pierre Lescot, que, sur son ordre, a été installé un pigeonnier secret. Là, dans l'étroite pièce ménagée au sommet d'un escalier à vis dont les marches sont depuis longtemps disjointes, là où les vieilles servantes qui ont connu le temps des rois Valois racontent que le Nain rouge, l'apparition qui hante les lieux, erre parfois dans les corridors désertés et les tourelles effilées. Personne, hormis le valet, muet, chargé de nourrir les oiseaux, ne sait qu'au cœur du palais, demeurent ces messagers qui lui permettent de recevoir et d'envoyer des messages dans les contrées du royaume les plus éloignées, et même au-delà.

Sitôt la fenêtre ouverte, le pigeon entre dans la pièce ruinée, et va se poser sur le bras qui lui est offert. Un grand pan d'étoffe rouge brasse l'air empoussiéré. Sans hésiter, l'oiseau se pose sur la main gantée. Celle-ci caresse doucement la tête emplumée avant de passer sous l'animal, puis elle détache, avec précaution, le petit étui de métal attaché aux plumes de la queue.

Un mince rouleau de papier, quelques lignes, tracées d'une écriture fine et serrée, due à un esprit froid, méthodique et dissimulateur, que les yeux qui lisent ce message connaissent fort bien. Peu de mots, mais ceux qui étaient attendus. Bien. Ses serviteurs sont diligents et prompts à exécuter ses ordres, dévoués, ce sont là les meilleures nouvelles depuis longtemps apportées par un de ces pigeons voyageurs. Il faudra faire donner à cet oiseau le meilleur grain et l'eau la plus fraîche.

Donc, sous peu, les ferrets seront en sa possession. Dans quelques jours, le scandale éclatera, le plus grand scandale qu'aura jamais connu la cour de France, peut-être. Et ce sera la reine, cette catin, cette traîtresse à son époux, à son roi, qui en paiera le prix, et qui connaîtra le déshonneur, la disgrâce, la honte. Oui, Anne d'Autriche, couverte de l'opprobre de toute la chrétienté, devra prendre le chemin de l'exil et aller retrouver son frère d'Espagne, à moins que le couvent...

Le volet grillagé se referme sur la cage du pigeon. Oui, le couvent, c'est cela, la reine, emmurée vive, au milieu des nonnes, au fin fond de la plus reculée de toutes les provinces. Il faudra trouver le plus lugubre de tous les monastères, le plus sévère et le plus humide, et la règle la plus stricte. Là, loin de toute présence virile, à l'exception, peut-être, d'un jardinier bossu, aux dents noires et gâtées, couvert de boutons et imbécile, la reine de France appréciera ce qu'il en coûte de vouloir contrecarrer la politique de son époux.

Le morceau de papier se consume à la flamme d'une bougie. Nulle trace ne doit rester du message. Bientôt, quelques cendres dont les bords rougeoient avant de s'éteindre pour toujours demeurent seules dans la coupelle de plomb. Disparues, comme, bientôt, l'arrogance de la souveraine. Dommage que les temps ne soient plus à faire étrangler les reines infidèles. Qu'importe, si Anne d'Autriche ne possède pas encore de manière parfaite son histoire de France, il faudra que, dans le fond de sa cellule, la princesse déchue entende parler du calvaire de Marguerite de Bourgogne, la souveraine étranglée sur l'ordre de son époux. Pour que la terreur et l'angoisse soient, jusqu'à la fin, les seules compagnes de l'amie de l'Anglais.

Allons, il est temps de s'en retourner, à présent, et de regagner les appartements du nouveau Louvre, car son absence doit être de courte durée. La cour de France est si indiscrète... Voici la solide porte de chêne verrouillée, quelques ordres à donner afin que, le jour du ballet de la Merlaison, tout soit prêt pour que les commandements de Louis le Treizième puissent être exécutés sans attendre. Des ordres dont la teneur ne fait plus, dès à présent, aucun doute.

Soudain, au beau milieu de la nuit, d'Artagnan se réveille, la bouche sèche, le corps douloureux, mais l'esprit clair. Milady ! La jeune femme n'est plus aux côtés de d'Artagnan. Le mousquetaire a-t-il rêvé ? Non, il en est certain, la jeune femme était bien dans ses bras tout à l'heure. Du reste, son parfum, si particulier, imprègne encore les draps du lit qui a connu leur étreinte. Mais alors, où est-elle ? Le cadet aux gardes se lève d'un bond. Sur la table, une lettre dont le Français s'empare. Quelques mots, griffonnés à la hâte. *D'Artagnan, au secours, le cardinal...* Et là, n'est-ce pas une tâche de sang ?

Ah ! L'ennemi était donc là, dans l'ombre, à attendre son heure. Comment le cadet aux gardes a-t-il pu témoigner d'une si grande naïveté ? Le cardinal n'est assurément pas homme à renoncer si facilement à son projet.

Soudain, un bruit dans l'arrière-cabinet, là où, le Français s'en souvient, il a rangé les ferrets de la reine de France, après le souper, avant de s'unir à Milady. Le cœur battant, le Gascon, nu comme un ver, se saisit de son épée jetée sur un fauteuil. Eclairé par la seule lueur de la lune qui filtre au travers des lourdes tentures, à pas de loup, il s'approche de la porte. Des coups sourds, des bruits de lutte ? Milady est peut-être encore là, à lutter, au péril de sa vie, pour défendre l'honneur de sa maîtresse, Anne d'Autriche. Allons, dc nouveau, il faut combattre. D'un mâle coup de pied, le militaire gascon ouvre la porte, puis retient son souffle. Là, devant lui, il en est sûr, dans ce vide obscur, il y a une présence.

– Qui va là ? s'écrie d'Artagnan.

Pourquoi le cadet aux gardes n'a-t-il pas pris la peine d'allumer une bougie ? Que fait-il là, sans ses chausses, devant le seuil d'une pièce noire, à attendre le premier coup que va sans doute lui porter un ennemi dont il ne sait ni qui il est, ni où il se trouve ?

Soudain, un bruissement dans le noir. D'Artagnan bondit sur le côté. Et sent une lame lui caresser les côtes, une légère brûlure. Le cadet aux gardes est blessé. Mais il n'a guère le temps de s'apitoyer sur son sort. Bravement, il fait face au danger invisible et larde l'air noir de grands coups d'épée. Mais l'ennemi a l'avantage. Si l'adversaire du cadet aux gardes demeure invisible et donc hors d'atteinte, la silhouette du Français, qui se découpe sur le fond, plus clair, de la chambre, constitue une cible de choix. Donc, d'Artagnan doit passer dès à présent à l'attaque, forcer l'autre à sortir de ce cabinet et ne pas lui laisser l'initiative. Le combattant invisible a sans doute compris la manœuvre et, profitant d'un effet de surprise, il bouscule le Français et se précipite dans la chambre. D'Artagnan le poursuit. Les deux adversaires vont pouvoir s'affronter à armes égales, pense le Français. Non, l'autre semble refuser le combat car il bondit jusqu'à la cheminée. Mais pourquoi court-il dans ce recoin qui va limiter ses mouvements ? Qu'importe ! Sus à l'ennemi !

Ensuite, tout va très vite. D'Artagnan se jette sur l'ombre, l'épée en avant. Pas de quartier, Milady est peut-être morte, à l'heure qu'il est. Il faut tuer. Tuer. Mais l'arme du cadet aux gardes ne rencontre que le vide qui, soudain, s'est substitué à l'adversaire du Gascon. Quel est ce nouveau prodige ? Pourtant, d'Artagnan doit se rendre à l'évidence, devant lui, il n'y a plus personne. Sans poser son épée, car l'ennemi va peut-être réapparaître aussi soudainement qu'il s'est volatilisé, le cadet aux gardes tire le rideau. La clarté de la lune, jusqu'alors très chichement dispensée, inonde, blanche et crue, la vaste pièce. Près de la cheminée, une porte secrète. Une demi-porte, plutôt, qui a dû obliger l'adversaire de d'Artagnan à courber sa haute taille pour pouvoir y passer. Au mépris du danger, le Gascon se lance à la poursuite de son assaillant. Mais, de l'autre côté, c'est un vaste hall qui dessert les appartements de réception du duc de Buckingham, vide, désert. Que faire ? Il faut donner l'alarme, l'inconnu doit se terrer quelque part dans le palais. Il est peut-être encore temps de l'attraper et de porter secours à Milady.

– A l'aide, s'écrie d'Artagnan ! Prévenez le duc ! On assassine dans sa maison !

Sa Grâce est de fort méchante humeur. Deborah aussi. Leur tête à tête était loin, très loin d'être achevé. Quant à Wet-Wet-Gladys, elle n'est pas mécontente de cet intermède, elle est tout aussi désappointée que sa compatriote, mais pour la raison exactement inverse. Athos a disparu au beau milieu de la nuit, avant même que la jeune femme ait pu aller au bout de sa curiosité.

– Donc, monsieur d'Artagnan, vous pensez que Milady de Winter a été enlevée ?

Pour le cadet aux gardes, cela ne fait aucun doute, Votre Grâce. Que le duc comprenne : profitant du sommeil du Gascon, leurs ennemis se sont assurés de la baronne de Scheffield. La malheureuse a tout juste eu le temps d'écrire le billet que le cadet aux gardes vient de montrer. Dans le même temps, ces assaillants ont mis la main sur les ferrets de la reine de France, mais, dans leur hâte, ils ne se sont pas immédiatement aperçus qu'ils n'en emportaient que dix. D'Artagnan a en effet omis de placer avec les autres les deux ferrets récupérés auprès de Deborah Lexington. Ensuite, et tandis que la baronne de Winter était emportée au loin, ils se sont aperçus de leur oubli. L'un d'entre eux est revenu sur ses pas pour s'emparer des deux ferrets oubliés, et c'est alors que le Gascon a surpris ce misérable. Malheureusement, celui-ci a réussi à prendre la fuite, dans les circonstances que d'Artagnan a expliquées, et par l'issue dérobée qu'il a montrée à Sa Grâce.

– Et dont j'ignorais l'existence, fulmine Sa Grâce. Une porte secrète, dans ma propre demeure ! Ils mourront, tous !

L'instant d'après, tout Buckingham Mansion

retentit des ordres que donne le favori du roi d'Angleterre. Buckingham a commandé que l'on fouille le palais. Il ne faut pas longtemps aux gardes pour trouver le cadavre du concierge. Non seulement assassiné, mais le corps recouvert de mystérieuses blessures, de longues coupures, très fines et très profondes, faites avec une lame inconnue et sans doute la plus tranchante qui puisse exister. Tandis que Deborah et Wet-Wet-Gladys défaillent, un des lieutenants du duc s'approche de ce dernier :

– Votre Grâce, l'Egyptien s'est enfui.

C'était donc cela, tonne George Villiers. Tout ceci n'est qu'un complot, prémédité et sans doute mûri à Paris. Depuis qu'il a quitté la chambre de la reine de France, le moindre des gestes du duc est sans doute épié.

Surveillé, espionné, lui, le tout-puissant favori du roi d'Angleterre, l'élu de la reine de France. Les sbires du cardinal, et Richelieu lui-même vont savoir ce qu'il en coûte de s'en prendre à George Villiers. Sa Grâce se tourne vers d'Artagnan, un des seuls à qui, pour le moment, Sa Grâce puisse accorder toute sa confiance. Car, dans son entourage, rôdent sans doute des félons qu'il va lui falloir démasquer, pense le duc qui, soudain, songe, atterré, désemparé, au départ, précipité, de la marquise de Northumberland. Celle-ci est-elle coupable ? Mais de quoi, exactement ?

Que l'émissaire de la reine veuille bien venir avec Buckingham, car il est, assurément, une des seules personnes de qui Sa Grâce n'ait pas à se défier avant d'avoir pu sonder sa loyauté. Oui, ajoute le duc, l'envoyé spécial de la reine de France ne peut être traître à sa reine, pas plus, il en est certain, que le militaire français arrivé à la suite du jeune Gascon, comment s'appelle-t-il déjà ?

– Athos ! s'exclame d'Artagnan qui, jusqu'à présent, ne s'est pas aperçu de l'absence du mousquetaire.

Oui, Athos, avec qui, peut-être, pense le cadet aux gardes, il a croisé le fer cette nuit. Athos, qui, un des premiers, a su quelle était la mission du Gascon. Athos, qui aura feint de porter secours à son camarade afin de le mieux circonvenir. D'Artagnan blêmit, Athos, le fourbe ? Non, c'est impossible, les mousquetaires commandés par M. de Tréville sont d'une bravoure et d'un dévouement sans bornes à l'égard de Sa Majesté le roi de France.

Justement, pense aussitôt d'Artagnan dont l'esprit s'affûte à mesure que ces terribles pensées se frayent en lui leur fulgurant chemin, c'est parce que l'infidélité de la reine lui est insupportable que le mousquetaire aurait mis ses services à la disposition du cardinal. Ah ! œuvrent à la perte de la reine ceux-là mêmes en qui la malheureuse a mis toute sa confiance, la préservation de sa vie. Oui, c'est avec Athos que d'Artagnan s'est battu. Le cadet aux gardes fronce le sourcil. L'ombre qu'il a tout juste eu le temps d'apercevoir peut-elle être celle du mousquetaire ? Oui, sans doute, un même corps grand, svelte et mince, une agilité comparable, et une égale adresse au maniement de l'épée, pour ce que le cadet aux gardes a pu en juger. Athos, c'est lui qui a donné aux hommes du cardinal toute indication utile pour entrer dans la place, aller droit aux ferrets et neutraliser Milady de Winter qui, peut-être, s'est opposée à eux.

D'Artagnan enrage. A moins que la conduite du mousquetaire soit la seule possible. Oui, pour un soldat du roi, qu'y a-t-il de plus important que de chercher à défendre, voire de venger l'honneur de son roi ? C'est d'Artagnan qui, depuis que cette grosse Constance Bonacieux est allée le trouver, fait preuve au mieux, de naïveté et, au pire, de sottise. Son père, en Gascogne, l'a-t-il envoyé à Paris pour que le jeune homme se mette au service d'une femme infidèle qui oublie son rang et sa position ? D'Artagnan n'est-il pas en tous points indigne de ses ancêtres, qui ont tant de fois combattu sous les drapeaux des fils de Saint-Louis contre les ennemis du royaume, souvent au péril de leur vie ? Oui, c'est cela, d'Artagnan, par bêtise, s'est mis au service d'une femme volage soucieuse de remettre la main sur des bijoux, ceux de la Couronne de France, imprudemment donnés à un amant de passage ? Certes, ce n'était pas à cela que s'attendait le jeune homme lorsqu'il rêvait, dans sa Gascogne natale, de mettre sa fougue et sa lame au service du roi. C'est Athos qui, en trahissant le cadet aux gardes et sa reine, est dans le vrai.

– M'entendez-vous, monsieur d'Artagnan ?

– Pardonnez-moi, Votre Grâce !

– Allons, veuillez vous joindre à mon capitaine des gardes et venir avec moi. La situation oblige à ce que je prenne des mesures fermes.

D'Artagnan suit le duc, sans mot dire. Son esprit est écartelé entre deux pensées dont la confrontation ajoute au désarroi du jeune homme.

Le souvenir, il est vrai, obscurci par l'alcool et la fatigue, de son étreinte avec Milady de Winter. L'odeur de la peau, une caresse inconnue. Deux corps qui s'unissent, se séparent pour mieux se fondre à nouveau. Milady, qui est peut-être morte à présent. En fait, c'est tout juste si d'Artagnan parvient à rassembler ses souvenirs. Et puis, le Français se sent soudain gagné par la rage de s'être trompé et fait duper par cette femme et sa maîtresse, l'une et l'autre tout entières tournées vers la satisfaction de leurs plaisirs. Par la faute de lady de Winter, le Gascon s'est laissé dépouiller des bijoux. Car enfin, si l'envoyée de la reine avait laissé le cadet aux gardes en paix, celui-ci aurait pu s'opposer aux émissaires du cardinal venus reprendre les joyaux. Oui, mais en faisant cela, le jeune homme aurait servi les plans d'Anne d'Autriche, nouvelle Messaline...

Il semble à d'Artagnan que sa tête va voler en éclat. Le jeune homme a présumé de ses forces et de son intelligence. En quelques jours, les intrigues des grands de ce monde sont parvenues à le broyer sans appel. Lorsqu'on est un gentilhomme de peu de fortune et sans entregent, il vaut mieux, pense-t-il maintenant, demeurer dans sa province, à l'écart de l'agitation des cours et d'événements que l'on ne peut que subir.

Le duc, son capitaine des gardes et d'Artagnan sont à présent dans le cabinet des curiosités de Sa Grâce, une pièce sans fenêtre où le duc a réuni les plus rares et les plus beaux de tous les objets d'art qu'il se plaît à accumuler et qui vont jusqu'à surpasser les collections du roi Charles.

– Nous sommes seuls, messieurs, et je réponds de la solitude qui nous entoure. Les murs de cette pièce sont tous quatre renforcés d'une double épaisseur de lambris du bois le plus dur qui nous garantissent contre toutes les indiscrétions. Et comme vous pouvez le voir, il n'y a qu'une porte, par laquelle nous venons d'entrer.

Le duc se tourne vers d'Artagnan. Celui-ci sent son cœur battre à tout rompre dans sa poitrine. Oui, dans un sursaut de droiture et de probité retrouvées, le jeune Gascon doit dire au duc, quoi qu'il lui en coûte ensuite, ce qu'il pense de lui et de sa liaison avec la reine de France. Ainsi, le cadet aux gardes pourra recouvrer un peu de l'estime qu'il vient de perdre en ce qui regarde sa propre personne, quel qu'en soit le prix à payer, et quand bien même cela déclencherait le courroux du favori du monarque anglais.

– Votre Grâce...

A peine le jeune homme a-t-il commencé à parler qu'un grand craquement retentit dans la pièce encombrée. Les trois hommes se retournent vers un grand coffre gothique de bois très foncé. Une plainte, lointaine, presque tout entière étouffée. Dans un salon voisin ? Non, ici, dans la pièce, dans ce coffre, comprend le duc de Buckingham qui soulève le lourd couvercle de chêne. A l'intérieur du meuble, un corps, entravé, les mains et les pieds liés. C'est Milady de Winter, la tête geignante, dodelinante, revêtue d'une grande et épaisse chemise par endroits maculée de sang.

– Vivante, grâce à Dieu ! s'exclame Sa Grâce qui, déjà, s'emploie à dénouer les cordes liant la baronne.

Celle-ci ouvre les yeux, semble peu à peu prendre conscience de la situation dans laquelle elle se trouve, s'aperçoit alors de la présence de d'Artagnan, et accorde à ce dernier le plus ému des regards. Aussitôt, le Gascon sent que ses pensées noires l'abandonnent. Oui, il est au service de la plus aimable des reines, oui, il a, pour la confidente de cette dernière, la plus vive inclination. A présent, d'Artagnan le sait, il aime, à la folie, la femme qu'il a, trop peu de temps, tenue dans ses bras cette nuit, Milady de Winter, la femme qui est là, devant lui, blessée, mourante peut-être. La femme qui n'a pas hésité à affronter les pires dangers au nom de son dévouement. Alors que lui, le misérable, s'en est pris à douter de sa mission ! Le cadet aux gardes sent la honte s'emparer de lui.

Sa Grâce et le capitaine de ses gardes allongent avec maintes précautions la baronne de Scheffield sur un sofa tendu d'une soie étincelante. Que monsieur d'Artagnan aille promptement chercher du secours !

Peu après, éperdu de bonheur, et tandis que le médecin personnel de Sa Grâce panse la blessure, heureusement superficielle, dont la baronne souffre à la tête, le jeune Gascon va contempler, dans la cour d'honneur de Buckingham Mansion, la nuit emplie d'étoiles et de promesses. Il est heureux, heureux mais désespéré. Athos à qui le liait une amitié, certes récente mais néanmoins profonde et, croyait-il, réciproque, les a trahis, lui et la reine de France. Athos, maudit !

Avant de regagner le salon où le duc s'entretient des derniers événements, d'Artagnan en fait le serment, lorsque l'épouse de Louis XIII, ornée de tous ses ferrets aura paru au bal de la Merlaison et sera ainsi hors de danger, le cadet aux gardes traitera le mousquetaire comme il le mérite, en lui passant, au travers du corps, l'épée qui n'a su, cette nuit, trouver le chemin de ses entrailles.

– Donc, monsieur d'Artagnan, nous voici revenus au point de départ, ou peu s'en faut, remarque le duc, car nous n'avons plus en notre possession que deux des ferrets de la reine de France.

Sa Grâce demande au cadet aux gardes de se rendre à l'évidence : Anne d'Autriche ne sera sans doute pas, au soir du ballet donné par les échevins de Paris, en possession des ferrets offerts par son époux.

– Cependant, si j'osais, Votre Grâce...

– Parlez, je vous en prie, monsieur d'Artagnan.

Le jeune cadet aux gardes est quelque peu embarrassé. Il ne sait s'il peut oser.

Le duc s'emporte. Allons, l'heure n'est décidément pas à l'hésitation.

D'Artagnan n'est guère à l'aise pour tenir un tel propos à l'un des hommes les plus puissants de la chrétienté. Il explique que, compte tenu de sa position, le duc doit disposer de moyens considérables, puisque voici déjà longtemps que Sa Grâce jouit des faveurs du roi d'Angleterre dont la générosité est fameuse. Tout ceci ne confère-t-il pas au duc la faculté de faire procéder, sans trop de difficultés, au remplacement des ferrets dérobés ? L'ami de la reine de France ne pourrait-il pas charger un de ses orfèvres de fabriquer, avec ses apprentis, des joyaux semblables à ceux qui ont été dérobés et qui, peut-être, ont disparu à jamais, dans les boues insondables du lit de la Tamise où nul ne pourra jamais les retrouver ? Certes, reconnaît d'Artagnan, la tâche est difficile et source de tracas, et le duc est juge de la pertinence et de l'opportunité de cette proposition.

Le duc explose. De joie pour l'apparence. De fureur pour ce qui concerne la réalité de ses sentiments. C'est là une idée magnifique, Sa Grâce s'en veut de ne pas l'avoir eue. Oui, que l'on aille quérir son orfèvre, sur-le-champ, et que d'Artagnan y aille lui-même, en la seule compagnie du capitaine de ses gardes, car les espions rôdent et Sa Grâce en vient à se défier de ses plus fidèles serviteurs.

Si tel est le discours que le duc adresse à la compagnie, ce dernier maudit la reine de France, ses émissaires et ces ferrets. Toute cette histoire va lui coûter une véritable fortune, dont la perte lui semble tout à fait injustifiée lorsque le duc la met en regard des plaisirs que lui ont conférés les brefs instants passés au Louvre.

A peine d'Artagnan a-t-il pris congé du duc que Tom Higgins s'approche du Gascon.

– Ah Monsieur ! Il faut que je vous parle !

Non. Pas cet importun, à présent, d'Artagnan n'est pas d'humeur, et n'a de plus pas le temps, de recevoir, une nouvelle fois, les remerciements du veuf.

– Allons, plus tard, nous verrons cela après, laisse-moi passer.

– Mais, monsieur le cadet aux gardes...

Un moment, d'Artagnan est tenté de passer son épée au travers du vieux serviteur et de lui permettre ainsi de rejoindre, sans trop attendre, sa Margaret. Mais, le jeune Gascon, pour ambitieux qu'il soit, n'en est pas moins habité par la générosité que lui ont léguée ses ancêtres pyrénéens. Non, il ne peut pas, déjà, envoyer le vieillard retrouver son épouse dont il n'a que depuis trop peu de temps été, enfin, séparé.

– Paix, une autre fois.

Tom Higgins n'ose pas insister. Quel dommage que le militaire français n'ait pas voulu l'écouter. Tom Higgins aurait pu lui décrire le curieux spectacle dont il a été le témoin involontaire et qui serait de nature à éclairer le cadet aux gardes sur l'identité de son assaillant.

L'instant d'après, tandis que d'Artagnan, guidé par le capitaine, disparaît dans les étroites ruelles du vieux Londres, Milady regagne son appartement, Deborah tâche de convaincre le duc de prendre, lui aussi, quelques instants de repos, en sa compagnie. Quant à Wet-Wet-Gladys, si peut lui chaut qu'Athos soit sans doute un traître, il lui est, en revanche, extrêmement désagréable que le mousquetaire l'ait abandonnée ainsi au beau milieu d'une nuit qui était loin de s'être tout entière écoulée. Et la propriétaire du Singe Rouge jure de venger son honneur, et celui de l'Angleterre, et de la reine de France par la même occasion. Elle décide de regagner sans attendre son établissement. Là-bas, gardée par ses sept serviteurs maures qui lui doivent tout, notamment la vie, et avec les conseils de ses pensionnaires, Wet-Wet-Gladys saura mettre au point la plus terrible des vengeances.

Tirer l'orfèvre de son lit n'a pas été chose facile, car le joaillier, son épouse, sa maison et ses bijoux sont gardés par une troupe de valets armés prompts à tirer au mousquet sur celui qui, la nuit venue, s'aventure un peu trop près de l'atelier où sont serrés les pierres et les métaux précieux laissés en dépôt par les plus grands noms du royaume.

Certes, quelques balles ont été échangées, le temps que les deux hommes apparus au beau milieu de la nuit puissent expliquer aux domestiques la raison de leur venue. Mais à part celui d'un pauvre enfant, un vagabond des rues, qui avait eu la mauvaise idée de poser sa couche faite de vieux haillons dans cette ruelle, nul trépas n'a été à déplorer, explique d'Artagnan au duc de Buckingham.

Mais ce récit n'intéresse guère le duc, pressé que d'Artagnan et Milady puissent disposer de la parure de ferrets au grand complet, quitter Buckingham Mansion, Londres et l'Angleterre, prendre le navire en partance pour Calais qui les attend et rapporter à cette ennuyeuse reine de France ces bijoux calamiteux.

Et, pense le duc, Deborah, de surcroît, qui l'attend dans la chambre d'apparat et le plus simple appareil.

– C'est bon, très bien, monsieur d'Artagnan.

Le duc présente au joaillier ceux des ferrets de la reine qui sont encore en sa possession. Voici, il s'agit de fabriquer dix autres bijoux tels que ceux-ci. Que l'artisan recrute tous les artisans dont il aura besoin et les paie ce qu'il faudra, et qu'il ne regarde pas à la dépense, car le trésorier du duc a ordre de ne lui rien refuser. La tranquillité de Sa Grâce n'a plus de prix, à présent. Le duc va donner des ordres pour que l'on prépare un appartement dans le palais, le temps presse et le joaillier doit se mettre au travail sur-le-champ, car Buckingham veut ces bijoux pour après-demain.

Le cadet aux gardes soupire. Enfin, les sombres machinations du cardinal de Richelieu sont réduites à néant. Car le favori du roi Charles est ici très puissant, et sa fortune tout à fait immense.

L'orfèvre s'approche du coffret, jette un regard sur les joyaux et se jette en sanglotant aux pieds du duc.

Ah ! Que Sa Grâce voie par elle-même, ces deux ferrets, quelle horreur, quelle désolation, c'est épouvantable.

D'Artagnan pâlit. Il a compris. Les deux bijoux sont des faux. L'homme qui l'a attaqué cette nuit a bien dérobé la totalité des douze joyaux. Par perfidie, il a laissé deux vulgaires copies en lieu et place des deux ferrets que d'Artagnan croyait avoir oublié de joindre aux dix autres et dont, pourtant, les voleurs se sont également emparés.

Comment le cadet aux gardes a-t-il ainsi pu se laisser abuser, de quelle manière a-t-il pu penser que son assaillant, qui semble s'être promené à sa guise dans le palais ducal durant une bonne partie de la nuit, aurait pu ne pas trouver ces deux bijoux ?

Mais Sa Grâce n'est pas au bout de ses retranchements. Que le bijoutier fabrique douze ferrets, et non plus dix, voilà tout.

– Mais, monseigneur, c'est que ces bijoux sont d'une incomparable beauté, et ni moi-même, ni aucun de mes confrères ne possède des pierres d'une telle qualité.

D'Artagnan est atterré. Menacent de basculer dans un abîme sans fond tout à la fois l'honneur de la reine ainsi que l'avancement, voire la simple poursuite de la carrière du jeune homme. Le cadet aux gardes est-il donc condamné à retourner dans son Béarn natal, son destin est-il donc d'épouser, après avoir encouru les réprimandes de sa mère et les moqueries de son frère Pierre, sa cousine la maussade Claire-Astrid ?

Quant au duc, il en vient à se demander si Dieu, auquel il n'a pourtant jamais cru, n'existe pas bel et bien et a choisi de se tenir aux côtés de son représentant officiel sur la terre, le cardinal de Richelieu.

Bonne fille, Wet-Wet-Gladys soumet au duc l'idée qui vient de germer en son esprit : le capitaine chargé de garder la Tour de Londres n'a rien à refuser à la directrice du Singe Rouge, mais alors rien du tout, au contraire, même, précise la jeune femme qui en sait suffisamment sur les plaisirs du militaire pour capter sans trop de mal, en cas de besoin, et ce cas en est un, l'attention de l'Eglise et de ses tribunaux. Bref, Wet-Wet-Gladys suggère de se servir de ses relations avec le haut commandement de l'armée du roi pour aller se servir à sa guise dans le trésor du même roi.

– Notre monarque a tant de richesses, affirme Wet-Wet-Gladys, qu'il sera bien en peine de remarquer qu'un ou deux colliers lui ont été dérobés. Je me charge du capitaine et mes filles des autres soldats de la garnison, non, je vous en prie, croyez-moi, nul ne se rendra compte de cette disparition avant quelques centaines d'années. Et d'ici là...

Le plan séduit d'Artagnan qui, en fait, est prêt à accorder ses suffrages à tout projet propre à le tirer de ce mauvais pas. Mais l'entreprise n'est pas du goût de Sa Grâce. Non, c'est trop risqué, estime Buckingham qui se voit déjà, la tête sur le billot, implorant le roi de lui pardonner sa haute trahison.

– Alors, jc ne serai jamais mousquetaire, se lamente d'Artagnan.

– Oui, la reine Anne est perdue, murmure Buckingham.

Le duc n'a plus qu'une idée, déjà développée, du reste, à plusieurs reprises : que d'Artagnan et Milady de Winter repartent le plus vite possible en France, en abandonnant, de manière définitive, tout espoir de récupérer les ferrets.

Alors que son esprit volage éprouve déjà les pires difficultés à se représenter le visage de la souveraine par laquelle tout ce malheur a fondu sur lui et sa demeure, le duc s'exprime d'une voix calme qu'il s'efforce de teinter d'un regret qu'il est à mille lieues d'éprouver :

– Oui. C'est infiniment, affreusement regrettable, mais je crois que cette fois-ci, seul un miracle pourrait sauver la réputation de la reine de France.

– Et moi, je dis que la reine est sauvée.

D'Artagnan, le duc, son capitaine des gardes et ses soldats, l'orfèvre se retournent. La porte du salon vient de s'ouvrir avec fracas. De l'autre côté, dans la galerie d'honneur, se pressent les domestiques et les courtisans demeurés au palais et qui, tirés de leur sommeil par toute cette agitation, tentent de comprendre ce qui se passe cette nuit chez le duc. Mais ce ne sont pas eux qui font ainsi irruption dans les appartements de Sa Grâce, car une seule personne attire tous les regards. La marquise de Northumberland. Somptueusement parée et, surtout, l'œil brillant d'un éclat formidable, propre à terroriser le plus aguerri de tous les bourreaux de Londres et les pilleurs de gibet.

Le duc craint le pire, quelque chose en regard de laquelle l'invasion de l'Angleterre jadis effectuée par les Normands de Guillaume de Normandie ressemblerait à une querelle d'écoliers plus ou moins dissipés. La marquise se retourne et fait un signe, pendant que les courtisans s'écartent de part et d'autre de la porte. Dix négrillons enturbannés font leur entrée, portant un coffre énorme, au chiffre de la marquise, dont les reins sont du reste brisés car, vraiment, cette peau d'ours jetée sur les dalles de la galerie, constituait une cachette certes commode pour tout voir et tout entendre, mais assurément pas confortable du tout.

– J'ai une proposition à vous faire, George.

Le duc demeure muet. La terreur, la stupéfaction, sans doute.

– Mais je veux pouvoir vous parler seule à seul.

Buckingham ne peut ôter ses yeux de la malle que les négrillons ont posée à terre. Demeurer seul, avec la marquise, dans cette pièce ? Mais que peut bien receler cette caisse ? Un tueur chargé de l'égorger sans attendre ? Peut-être même est-ce l'homme mystérieux dépêché par le cardinal de Richelieu qui se trouve enfermé là, prêt à sortir en brandissant un couteau effilé ? Non, il n'y a pas assez de place. A moins qu'un nain... Soudain, le duc croit entendre un léger sifflement. Des serpents ! La Northumberland, cette démente, a apporté des vipères qui, dans un instant, vont se jeter au visage de Sa Grâce. Déjà, le duc voit son pauvre corps martyrisé se débattre dans d'atroces convulsions sur ses beaux tapis, tandis qu'un brûlant venin se répand dans ses chairs. Mais il est de toute manière trop tard pour tenter quoi que ce soit, car la marquise vient d'intimer l'ordre de sortir aux autres personnes présentes.

Le duc sait bien que Verena est folle, depuis la terrible invasion des lapins roux, venus tout droit d'Ecosse, nul ne sut jamais pourquoi, envahir les jardins ornés de buis de la marquise, qui dut demeurer seule et trop longtemps, dans son boudoir avant d'être secourue, rassurée ct tirée d'affaires.

Le duc sait qu'il va mourir, une Bohémienne ne lui a-t-elle pas, jadis, prédit qu'il périrait de mort violente ? Alors vite, et sans trop de souffrances, surtout, s'il est possible. Pour rien au monde, Buckingham ne veut endurer les affres d'une longue agonie.

– Je vous en supplie.

George Villiers, duc de Buckingham, ne veut pas quitter ce monde, il a encore trop de femmes à aimer, trop de faveurs à demander au roi Charles Ier, trop de plaisirs à obtenir d'une vie qui, jusqu'à maintenant, ne lui a jamais rien refusé.

Verena de Northumberland ferme la porte derrière d'Artagnan et revient vers le coffre qu'elle ouvre d'un grand geste. Buckingham ferme les yeux, car il préfère ne pas voir la flamme qui va s'échapper du pistolet de la marquise. Dans un instant, tout sera fini. Adieu belle Deborah, dernière femme que le duc aura tenue dans ses bras.

– Tout ceci est à votre disposition, George. A une condition, ou plutôt deux.

Le duc rouvre les yeux. Dans le coffre au couvercle relevé, brillent les joyaux de la marquise, les plus beaux de toute l'Angleterre, après ceux de la reine Henriette, la propre femme du roi Charles.

Toute fureur semble avoir abandonné Verena dont le regard s'adoucit quelque peu, cependant sans perdre tout à fait l'éclat de la folie. Les lapins roux...

– Que voulez-vous dire, Verena ?

La marquise, devenue la plus riche propriétaire de tout le royaume grâce à une suite d'héritages faramineux, explique à Sa Grâce. Peu lui importe le badinage auquel le duc s'est livré avec la reine de France, car la marquise de Northumberland sait fort bien que le duc ne s'est pas attaché à cette jeune maladroite. Du reste, la reine est une reine, et la marquise accepterait, parce qu'elle est une grande dame, de partager, si peu que ce soit, son amant avec la princesse, si du moins la politique et les diplomates ne s'en mêlent pas. Ne dit-on pas que, en raison des persécutions dont les protestants font l'objet en France, la guerre couve entre les deux royaumes et est prête d'éclater ?

En fait, ainsi qu'elle l'explique, ce que Verena de Northumberland ne peut accepter, c'est que George

Villiers oublie le rang et le nom qui sont les siens en ouvrant ses bras et sa demeure à une Deborah, une actrice, une courtisane. Une de ces créatures que la Couronne serait bien inspirée d'envoyer peupler le Nouveau Monde. La marquise explique : cette somptueuse parure de diamants, ces bracelets scintillants qui n'ont rien à envier aux joyaux de la reine de France sont à la disposition du duc qui peut en faire ce qu'il voudra et en faire remonter les pierres pour reconstituer des ferrets semblables à ceux qui lui ont été dérobés.

– Mais pourquoi Verena ?

– Parce que je vous aime.

– Que voulez-vous en échange ?

D'abord, que le duc mette à la porte, et avec la promesse solennelle de ne jamais la revoir, cette Deborah.

Ce n'est que cela, pense le duc, fort rasséréné.

– Et que vous m'épousiez.

C'était donc cela. Le duc est terrassé, stupéfié.

Certes, Verena n'a sans doute plus toute sa raison, mais elle est également d'un orgueil insondable. Parce qu'elle ne peut se résoudre à essuyer un refus, la marquise poursuit : si, d'aventure, le duc venait à repousser son offre, la marquise, qui a le privilège d'entrer chez la reine Henriette quand bon lui semble, irait sur-le-champ à la cour de Saint-James compter toute l'affaire à Sa Majesté.

Buckingham pâlit. La marquise est certes aliénée, mais elle se révèle être, de surcroît, une ennemie redoutable.

Du fond de sa folie, Verena de Northumberland devine quel est le désarroi, profond, qui étreint le duc et elle poursuit.

Après tout, la reine Henriette, la propre épouse de notre souverain bien-aimé, n'est-elle pas la sœur du roi de France ? D'après Sa Grâce, que dirait le roi Charles s'il venait à apprendre la conduite de son tout-puissant favori ? Cette affaire constituerait, pour lui, une affaire de famille, d'autant que la constitution de la fortune du duc a suscité, jusque dans l'entourage de Sa Majesté, la convoitise des envieux et des jaloux qui n'attendent que le premier de ses faux pas pour s'employer à convaincre le roi de lui retirer sa confiance, ou pire encore. Non, Sa Grâce en conviendra bien volontiers, il vaut mieux, pour sa sécurité, que le roi Charles ignore tout des liens, certes déjà très distendus, qui l'unissent à la reine de France.

L'appétit de pouvoir qui habite le duc est plus fort que tout, Verena de Northumberland le sait très bien. Buckingham est vaincu. Alors, pour humilier davantage son futur mari, la marquise précise :

– Comme vous le voyez, George, rien ne m'oblige, en vérité, à vous offrir mes bijoux pour sauver la reine de France, mais il me plaît de condescendre à tirer cette pauvre princesse de l'embarrassante situation où l'a placée votre inconduite.

La marquise, Buckingham l'a compris, veut l'épouser afin de le mieux abaisser à ses propres yeux.

Pourquoi donc a-t-il fallu que le duc se rende au Louvre cette nuit-là ?

– C'est bon, Verena, vous avez gagné.

La marquise, dont le premier mari ainsi que le plus vigoureux de ses valets ont autrefois disparu dans des circonstances que nul n'a jamais pu établir de manière claire et définitive, le savait. Alors, c'est pour quand ?

– Pardon ?

– Le mariage, George !

Mais, le plus tôt possible, lorsque toute cette histoire sera réglée, dès que ce d'Artagnan et Milady seront retournés en France chargés des douze ferrets.

Fort bien, mais que le duc n'oublie pas, plus

jamais le chemin de la marquise ne doit croiser celui de cette créature.

Sans rien ajouter, Verena de Northumberland laisse Buckingham et regagne la galerie du palais, elle passe devant Deborah sans lui accorder le moindre regard, puis marche droit vers le capitaine des gardes à qui elle annonce que Sa Grâce a un ordre à lui donner.

D'Artagnan aimerait savoir ce qui s'est dit dans le cabinet du duc. Tout à la fois curieux et inquiet, il repousse, une nouvelle fois, Tom Higgins qui s'approche de lui. Le cadet aux gardes décide de suivre le capitaine jusqu'auprès de Sa Grâce. Sa qualité d'émissaire de la reine de France ne lui en donne-t-elle pas le droit ? A haute voix, Tom Higgins se lamente de n'avoir pu encore révéler au jeune Gascon l'identité, fort surprenante, de l'homme que le valet a vu quitter la chambre de Milady de Winter.

Enfin, le jour se lève sur Londres. Alors qu'au même moment, l'empoisonneur fou de Kirckaldy se fait remettre par son apothicaire habituel une demi-pinte de décoction de ciguë, dont le goût se mêlera parfaitement à celui de la panse de brebis farcie qui mitonne chez les Chelsea, cette famille beaucoup trop nombreuse, d'Artagnan regarde l'aube et en mesure toutes les promesses.

Le palais de sa Grâce a retrouvé son calme et sa majesté. Non sans un dernier éclat dû à l'expulsion de la malheureuse Deborah qu'une voiture aux rideaux tirés a emportée jusqu'au théâtre de la Boule d'Or qu'elle n'aurait jamais dû quitter, a observé la marquise de Northumberland, tandis que le duc de Buckingham, honteux mais incapable de soutenir le regard de sa maîtresse d'une nuit, se terrait dans son cabinet des curiosités.

D'Artagnan contemple, dans la cour d'honneur du palais, le flot grandissant des domestiques qui s'affairent ainsi que les allées et venues des courtisans de Sa Grâce accourus dans les appartements de réception s'enquérir des événements tumultueux qui ont tenu éveillé les habitants du palais durant une bonne partie de la nuit.

Et, surtout, d'Artagnan se plaît à penser que, dans l'aile qui s'étend le long des jardins de Sa Grâce, l'orfèvre et ses compagnons s'emploient à fabriquer les ferrets manquants grâce aux parures de la Northumberland. Le cadet aux gardes aime aussi songer que, lorsqu'il sera revenu à Paris, et après avoir révélé à M. de Tréville la trahison d'Athos, il sera très rapidement promu mousquetaire. Parce qu'il aura à cœur de se mesurer aux hommes du cardinal de Richelieu, le jeune Gascon saura se faire connaître du roi et, avant longtemps, ce dernier lui accordera sa considération et lui confiera des missions toujours plus périlleuses, dont d'Artagnan s'acquittera avec toujours plus de panache et d'audace.

Mais un nuage vient troubler les rêves du jeune homme, un nuage nommé Constance Bonacieux. Oui, il faudra que d'Artagnan se débarrasse de cette petite épouse de mercier, puisque les plus grandes dames de la cour se disputeront les faveurs du Gascon, ces dames que le cadet aux gardes se contentera d'utiliser au mieux de ses intérêts. Car il y a Milady de Winter, qui se repose dans sa chambre et se remet de la terrible aventure survenue durant cette affreuse nuit. A la seule évocation de l'envoyée de la reine Anne, le Gascon sent que son âme s'enflamme. Certes, le jeune homme ne parvient pas à se souvenir, avec toutes les précisions souhaitables, des caresses que lui a prodiguées cette nuit la baronne de Scheffield, mais le corps et le cœur du cadet aux gardes savent que, jamais, il ne connaîtra une telle félicité. La légère marque rouge que le cadet aux gardes porte à la base du cou est là pour en témoigner.

Du haut de la terrasse où il est monté comme pour mieux voir venir un destin qui s'annonce radieux, d'Artagnan observe le mouvement qui vient de s'emparer de la cour des communs de Buckingham Mansion. Un pasteur et un grand nombre des domestiques du palais ont pris place à côté du cercueil de Margaret Higgins et demeurent là, sans plus bouger. Le cadet aux gardes n'est pas très au fait des rites de la religion anglicane, mais l'immobilisme de cette petite troupe lui paraît étrange. Pourtant, une autre pensée vient à l'esprit du jeune homme : après tout, et même si son acte a été involontaire, c'est néanmoins lui qui a tué la vieille servante, aussi, peut-être la décence commande-t-elle au jeune militaire de participer à la cérémonie qui se prépare. Oui, c'est cela. D'Artagnan doit accompagner Margaret jusqu'à sa dernière demeure, la crypte du palais. Du reste, Tom Higgins, qui ne cesse de le harceler depuis hier soir, pourra ainsi, pour la dernière fois espère le cadet aux gardes, lui présenter ses remerciements. Et, après avoir quitté son belvédère, d'Artagnan s'apprête à se joindre au convoi funéraire qui, en fait, ne s'est toujours pas mis en marche.

– Nous demeurons là parce que Tom Higgins ne nous a pas encore rejoints, explique un valet au cadet aux gardes, des marmitons sont allés le chercher. Terrassé par le chagrin, le malheureux vieillard est sans doute en train de sangloter dans sa soupente.

Ou de boire tout son saoul, pense d'Artagnan qui estime que, tout de même, le vieux Higgins aurait pu attendre que son épouse soit ensevelie suivant les préceptes de la religion avant de fêter sa délivrance.

Le pasteur s'impatiente, les serviteurs aussi, d'autant que la marquise de Northumberland qui, depuis ce matin, semble s'intéresser de très près à la bonne marche du palais, ne cesse de donner des ordres et des commandements que la domesticité, pourtant nombreuse, trouve à peine le temps d'exécuter.

Soudain, un cri retentit dans le palais, un cri de femme. D'Artagnan bondit. Il lui a semblé reconnaître la voix de Milady de Winter. Comment le cadet aux gardes a-t-il pu un seul instant penser que la baronne de Scheffield se trouvait en sécurité dans ce palais où les agents de Richelieu semblent aller et venir comme bon leur semble, à la barbe des soldats et des domestiques ? Pourquoi le Gascon n'a-t-il pas monté lui-même la garde devant la porte de sa bien-aimée ?

Dans la grande galerie, d'Artagnan rencontre le duc de Buckingham à l'instant où ce dernier sort de ses appartements pour s'enquérir de la raison du nouveau tumulte qui emplit sa demeure.

Oui. C'est bien Milady de Winter qui a poussé ce terrible cri, mais ce n'est pas elle la victime de la nouvelle tragédie qui vient d'ensanglanter le palais de Sa Grâce, car c'est Tom Higgins dont le corps a été retrouvé sans vie, par Milady, et alors que celle-ci, ses forces recouvrées, était sortie de sa chambre.

Le vieillard a été poignardé, dans le dos. Il porte sur son front la croix infâme. Mais là n'est pas le plus horrible. Nul ne peut supporter sans pâlir la vue de l'acte de cruauté, gratuite, barbare, dont Tom Higgins a été la victime.

Le capitaine des gardes s'interroge, il se demande si le malheureux était encore vivant lorsqu'on lui a ainsi tranché la langue.

Oui, d'Artagnan le reconnaît volontiers. Il est fort dommage qu'il n'ait pas pris le temps d'écouter ce que le vieux serviteur voulait lui dire.

– Mais comment aurais-je pu savoir que Tom Higgins voulait me révéler l'identité de l'homme qui m'a attaqué cette nuit, ainsi qu'il l'a confié aux autres domestiques, je pensais qu'il voulait encore, et seulement, me témoigner sa gratitude.

Le duc de Buckingham consent à ne faire aucun reproche à d'Artagnan. Pour le moment, le duc se plaît une nouvelle fois à imaginer le moment, tant attendu, où le cadet aux gardes et Milady quitteront son palais pour n'y plus jamais revenir.

Ah, ne plus entendre parler ni de ces deux-là, ni de la reine de France, ni de ses ferrets... Alors, le duc aura les mains libres pour se débarrasser de la marquise de Northumberland dont il n'a jamais eu l'intention d'exaucer les vœux. Le duc se demande comment il va s'y prendre, avec cette gêneuse. Bah ! Il sera toujours temps d'aviser. Chaque chose en son temps, d'autant qu'avec un peu de chance, l'assassin de Tom Higgins, dont le duc ne parvient pas à percer les désirs et les desseins, se sera peut-être attaqué à l'encombrante marquise. Par ailleurs, le duc se demande pourquoi la belle Deborah tarde tant à répondre au message qu'il lui a secrètement fait porter. A moins, pense soudain Sa Grâce en pâlissant, que la marquise de Northumberland ait réussi à intercepter le page dépêché par le duc. Non, ce n'est pas possible, ce serait terrible...

– Au demeurant, monseigneur, je ne formule aucun doute sur l'identité de mon assaillant. C'est, et il m'en coûte de le dire, celui que je croyais mon ami, le mousquetaire Athos, qui m'a attaqué, j'en suis certain, et c'est lui que le pauvre Tom Higgins avait vu.

– Oui, j'ai donné l'ordre de rechercher le mousquetaire dans tout le royaume, remarque le duc.

Celui-ci, excédé par toute cette affaire, n'est pas près de se montrer magnanime à l'endroit de celui qui n'aura fait que compliquer une situation déjà embrouillée et aura contribué à en retarder la conclusion.

Sur la suggestion du capitaine de ses gardes, Sa Grâce donne par ailleurs l'ordre que l'on fouille le palais depuis les caves jusques aux greniers afin que soient découverts, une bonne fois pour toutes, les multiples passages secrets qui semblent truffer sa demeure et la traverser de part en part. Car comment expliquer qu'un ou plusieurs assassins puissent ainsi se promener dans Buckingham Mansion au nez et à la barbe de tout le monde ? Oui, que l'on sonde chaque cloison, chaque dalle, chaque cheminée, que les menuisiers inspectent toutes les boiseries, les lambris qui revêtent les salons, que les tapissiers déposent les tentures et les tapisseries pour que les maçons puissent inspecter les murs qu'elles recouvrent.

Ces ordres donnés, et parce que George Villiers a besoin de réconfort, il décide, tandis que le corps de Tom Higgins est placé aux côtés de celui de son épouse, de rendre visite à l'orfèvre et à ses compagnons. Non sans une légère appréhension, le duc gagne l'aile du palais où ont été installés le joaillier et ses aides qui ont reçu l'ordre de n'en pas sortir avant d'avoir achevé leur travail. Sans doute, les nerfs de Sa Grâce ont été soumis à rude épreuve depuis quelques heures. Pour cette raison, le favori royal, escorté des plus vaillants de ses gardes, sent en son esprit sourdre une angoisse irrépressible.

Mais où sont les soldats chargés de monter la garde devant la pièce où travaillent les bijoutiers ? s'emporte le duc.

– Je vous en prie, monseigneur, laissez-moi vous devancer. Vous ne pouvez exposer votre vie.

Le duc s'écarte, et le capitaine des gardes, l'épée à

la main, ouvre la porte au milieu de l'étrange silence qui règne dans cette partie du palais. Un calme affreux, qui hurle aux oreilles de Sa Grâce, alors que les pièces alentour devraient bruire du travail des joailliers. Le capitaine des gardes s'arrête sur le seuil. Ils sont morts, tous. L'orfèvre et ses aides, les soldats chargés de veiller sur eux, les valets préposés à l'entretien des foyers. Et le coffre de la marquise de Northumberland est vide. Le dessein des assassins ne fait aucun doute, car toutes les pierres précieuses que recelait le coffre de la marquise de Northumberland ont disparu. En revanche, l'or que les joailliers étaient occupés à faire fondre dans des creusets afin de façonner les montures des ferrets a été utilisé à un tout autre usage, car une pluie de métal en fusion recouvre de ses milliers de gouttelettes les corps des trucidés. Le duc de Buckingham demeure sans mot dire. Le spectacle est si étrange, ces corps sans vie, parsemés de larmes dorées...

Sa Grâce frissonne. Depuis l'arrivée sur le sol anglais du cadet aux gardes envoyé par la reine Anne, il lui semble que des esprits infernaux ont eux aussi débarqué et s'emploient à semer calamités et barbaries partout où ils passent. Les ferrets de la Couronne de France sont-ils maudits ? George Villiers sait que certains diamants apportent le malheur à celui qui les a en sa possession. Quelle est l'origine des pierres que le roi Louis XIII a offertes à son épouse ?

– Nous y voici, Votre Grâce.

Rappelé à la réalité des choses par son capitaine des gardes, le duc laisse là les constructions qu'une imagination stimulée par tant de péripéties s'est plu à déployer dans son esprit fatigué, puis il entre dans le salon hâtivement transformé en atelier. Dans un silence quasi monacal, l'orfèvre s'affaire en compagnie de ses aides qui activent les meules, surveillent la fusion du métal ou achèvent de façonner les moules.

– Que faites-vous là, monseigneur ? J'avais demandé, pour être en mesure d'exaucer vos ordres, que personne ne vienne nous déranger.

– Certes, avance Sa Grâce, je venais simplement m'assurer que vous ne manquiez de rien et que tout le nécessaire avait été mis à votre disposition.

Que le duc pardonne à l'orfèvre, mais s'il désire que celui-ci soit en mesure de présenter demain matin la parure de douze ferrets dont Sa Grâce souhaite disposer, le favori devrait sortir au plus vite de ce salon en compagnie de ses gardes. Sinon, le joaillier ne répond de rien et nulle contrainte, nulle menace ne sera en mesure de l'aider à tenir ses engagements, puisque le temps lui fera défaut.

Le duc de Buckingham ne veut en rien retarder, fût-ce d'un seul instant, le dénouement de cette affaire. Il s'empresse donc de répondre aux vœux de l'artisan. Et puis, à présent que cette histoire de ferrets semble sur le point de trouver, enfin, un épilogue heureux, Sa Grâce n'a plus qu'une seule pensée en tête : se débarrasser définitivement de Verena de Northumberland. Et retrouver Deborah.

Parce qu'il est le véritable maître des finances du royaume de France, le cardinal de Richelieu assure Athos que sa fortune est faite. Seulement, afin de mieux pouvoir disposer du trésor royal à sa guise, Son Eminence demande au mousquetaire d'avoir la patience d'attendre jusqu'au lendemain du bal de la Merlaison. Il sera plus aisé au prêtre ministre de circonvenir un roi honteux et éploré et de puiser alors, comme bon lui semblera, dans les caisses de l'Etat. Athos s'incline, proteste de son désintéressement. La gloire du cardinal est sa seule récompense. Oui, c'est ainsi que, dans le royaume de France, sans doute abandonné de la Providence, les choses se passent, songe d'Artagnan, mélancolique.

Enfermée dans ses cabinets retirés, Sa Grâce se plaît à imaginer de quelle manière il va pouvoir mettre un terme à la vie terrestre de la marquise de Northumberland. Et donc à l'un des pires fléaux qui se soient jamais abattus sur l'Angleterre depuis la défaite de la reine Boadicée face à l'envahisseur romain, voire la Grande Peste. Il faudra que le duc proclame qu'elle est une sorcière, ce dont il ne sera pas difficile de convaincre le plus grand nombre, puis susciter des témoignages irréfutables, fabriquer des preuves incontestables, payer, grassement, quelques prêtres fanatisés et plusieurs adolescentes tourmentées par leur corps, et ce n'est pas ce qui manque, organiser un procès truqué, tout ceci est tentant et ce serait probablement efficace. Le duc imagine déjà le joyeux crépitement des flammes du bûcher. Oui, certes, mais la marquise est alliée aux plus nobles et aux plus influentes familles de la cour, sa fortune est grande et elle pourrait être utilisée pour acheter les services des meilleurs avocats. La procédure risque de traîner, très longtemps, alors que le duc veut être rapidement débarrassé de la marquise.

Alors ? Alors, la faire occire un soir, au détour d'un corridor, par un homme de main, qui ne pose pas de question. Et qui ait le geste puissant et sûr. Un homme, tout entier dévoué à Sa Grâce. Le capitaine des gardes ? Non, ce dernier est encore hanté par les vertus chevaleresques du temps du roi Richard Cœur-de-Lion, et, en dépit de tout ce qu'il doit à Sa Grâce, et malgré tout le dévouement qu'il sait témoigner, ce soldat refuserait sans doute de se charger des basses œuvres du duc.

Deborah. Le nom, le visage, le souvenir de l'actrice embrasent l'esprit de Sa Grâce, le duc veut retrouver la comédienne, il la désire, il la veut. Pourquoi n'est-elle pas là, à ses côtés, lui qui est le favori du roi d'Angleterre ? Son pouvoir est-il si faible que le duc de Buckingham ne puisse se trouver en la compagnie de la seule femme qu'il convoite à présent ?

Le duc s'emporte, au diable la reine de France et ses ferrets ! Qu'elle tombe au bas de son trône et que le cardinal lui fasse subir le sort qu'il souhaite ! Buckingham s'approche de la fenêtre. Dans la cour des cuisines, passe le convoi funèbre de Tom et Margaret Higgins. La mort. La mort, partout, alors que le duc aime tant la vie, le plaisir, cette vie si courte, et ce corps qui se flétrit si vite, la jeunesse qui est si brève. Qu'on les enterre, ces deux-là, et vite ! Margaret Higgins, vieille femme laide, repoussante, édentée, à la poitrine maigre et tombante, Margaret Higgins qui, autrefois, avait dû, elle aussi, posséder un corps souple et ferme, et qui riait sans doute lorsque les garçons la serraient de trop près dans les couloirs du palais. La vieille est morte, et ses chairs vont se décomposer, à côté des chairs de celui, également trépassé, qui l'a tenue dans ses bras. Oui, décidément, la mort rôde dans ce palais, la mort que Buckingham craint par-dessus tout et qu'il cherche à oublier dans les bras de toutes ces femmes, ces riches aristocrates et ces ribaudes, ces femmes sincères et aimantes et ces putains payées pour ce faire, aimées un instant, une nuit ou un mois.

Le convoi mortuaire des époux Higgins pénètre dans la chapelle du palais. La cour reste déserte, absolument vide. Plusieurs des domestiques qui s'affairent d'ordinaire sont allés accompagner leurs camarades dans leur dernière demeure, tandis que d'autres, rassemblés dans les vastes communs, s'informent des derniers événements survenus cette nuit. Le duc se retire de la fenêtre, la vue de cette cour, cet espace dénué de vie, mort lui aussi, lui est insupportable. Et, soudain, l'inanité de l'existence étreint le cœur de Sa Grâce. A quoi bon ? A quoi bon avoir pris et donné du plaisir à tous ces corps qui, demain, ne seront que rides et graisse, avant de tomber en pourriture ? Avant de mourir. Oui, la mort, celle que le duc veut tromper, il le sait, depuis toujours, dans cette quête effrénée du plaisir qu'il poursuit sans cesse, de son palais aux bouges des bas quartiers de Londres, de la loge de Deborah à la ruelle de la reine de France ? Sotte petite reine qui n'a pas compris, et ne comprend sans doute toujours pas, aux côtés d'un époux qui la délaisse, la véritable nature des sentiments que lui porte le duc. Sont-ce du reste, des sentiments ? Non, juge Sa Grâce, qui a seulement rejoint la reine Anne pour connaître une autre femme, une femme de plus. Et c'est le seul désir du plaisir, qui a, un temps, irrigué son corps et amené à sa bouche des mots sans signification, des paroles sans valeur. Mais pourquoi donc a-t-il fallu que cette sotte lui offre ses bijoux ?

D'Artagnan va tuer la marquise de Northumberland. Le cadet aux gardes, Buckingham le sait, saurait se montrer sensible à la récompense que le duc lui promettra, car l'avidité du jeune Gascon n'a d'égal que sa crédulité et, peut-être, sa sottise. De surcroît, si une enquête est diligentée par la police de Sa Majesté le roi Charles Ier, l'envoyé de la reine de France sera, une fois revenu auprès de sa souveraine, hors d'atteinte. Oui, il ne sera guère difficile de s'attacher les services du jeune homme, et le duc sait bien l'avidité, la soif de faveurs qui sont les siennes. Mais ensuite, il faudra que le Français s'en aille, vite, loin, en compagnie de Milady de Winter, cette femme que le duc aurait aimé connaître, en d'autres circonstances mais à qui Buckingham répugne maintenant de s'intéresser, puisque c'est un des agents d'Anne d'Autriche. Qui sait ? Peut-être Deborah est-elle celle que le duc attend depuis toujours, celle qui va pouvoir lui offrir la paix qu'il recherche tant, terrasser son angoisse, et lui apporter, enfin, le repos de l'âme.

La porte s'ouvre. Buckingham sursaute. Sa voix tonne, dans laquelle il s'efforce de faire taire l'angoisse qui le plonge dans un abîme. Il avait interdit qu'on le dérange.

– Votre Grâce, nous avons retrouvé le mousquetaire français, le nommé Athos.

– Mort ? demande le duc.

Question inutile, car Sa Grâce sait qu'un nouveau cadavre gît dans son palais. Ferrets maudits.

Louise-Félicité aime tout ce qui brille, scintille et étincelle, tout ce qui lui rappelle, en fait, le soleil mordant et la suffocante lumière de son pays natal. Déjà, deux, trois fois peut-être, Louise-Félicité a pu déjouer la vigilance dont elle fait l'objet, et elle est sortie de la chambre, sans que personne s'en aperçoive. Glissant le long des murs, bondissant, elle s'est longtemps promenée, passant d'une fenêtre à l'autre, marchant, quand il le fallait, sur les innombrables toits pentus du palais, elle est entrée, au hasard, dans les appartements des courtisans et des fonctionnaires. S'aventurer dans les appartements du roi, il n'y fallait pas songer. Les gardes et les valets y sont par trop nombreux, même en l'absence de Sa Majesté. Chaque fois, Louise-Félicité a regagné sa chambre, la ville qui s'étend au pied du château est trop vaste, trop mystérieuse pour que

Louise-Félicité décide de tenter sa chance. Son pays natal est, au demeurant, si loin, par-delà les mers, et puis au Louvre, malgré la chaîne dorée, la vie est si douce...

Avec une douceur inusitée, les gardes de Buckingham déposent Athos sur un fauteuil. Non. Le mousquetaire n'est pas mort. Il est certes mal en point, mais il est bien vivant, et parfaitement capable, malgré des blessures qui lui font endurer mille souffrances, de faire le récit de ce qui lui est arrivé. Après que le duc a eu ordonné à ses gardes de maîtriser d'Artagnan qui voulait sans attendre passer son épée au travers du mousquetaire.

– Scélérat ! Traître à sa reine et à l'amitié !

Non, proteste Athos, il n'est pas un félon.

– Prouve-le ! hurle d'Artagnan, au comble de la fureur.

Sa colère est si vive que le cadet aux gardes ne peut s'empêcher d'en chercher la cause. Oui, cette volonté farouche que le jeune homme déploie, depuis qu'il a quitté le Louvre, pour rapporter à la reine ses ferrets est-elle seulement due à son appétit de pouvoir, d'honneurs et d'argent ? Non, le jeune Gascon le sait bien, s'il craint tant de revenir bredouille à Paris, c'est bien de la réaction de sa mère qu'il a peur, cette mère, le véritable chef de la famille dont le seul souvenir glace dans ses veines le sang du jeune Français, cette mère dont le regard ne cesse de hanter l'esprit de l'envoyé de la reine, cette mère devant qui il tremble depuis sa plus tendre enfance et à qui il lui serait impossible de confesser l'échec de sa mission. Oui, parce que le cadet aux gardes ne saurait trouver la force, le courage d'affronter le courroux de sa génitrice, il lui faut passer sa terreur sur celui qui est la cause de tant d'angoisse, celui qui, peut-être, va le contraindre à affronter cette mère tant redoutée, Athos que d'Artagnan hait tant, parce qu'il va devoir par sa faute, lui, l'élu de la reine de France, endurer les reproches d'une mère enragée. Et cela, le cadet aux gardes ne peut le supporter.

– Misérable ! Tu as manqué tout perdre !

Athos proteste. Il a tout voulu sauver.

Le mousquetaire fait signe aux gardes de Buckingham. Il faut l'aider à fouiller dans ses habits. Le capitaine de Sa Grâce s'avance. Sur les indications du blessé, et avec précaution, le soldat passe sa main dans le pourpoint taché de sang et en tire une bourse de cuir. Buckingham tend la main, s'empare du sac et le renverse au-dessus de la table. Douze ferrets ruisselants de lumière aveuglent de leurs feux les personnes présentes.

D'Artagnan ne comprend plus rien. Si ce n'est que, peut-être, il n'aura pas à affronter le courroux maternel.

C'est Milady de Winter qui, la première, se retourne vers Athos. Que celui-ci s'explique ! Que s'est-il donc passé ?

Athos raconte. Au beau milieu de la nuit, il a dû quitter la couche de Wet-Wet-Gladys. La bière, sans doute, dont il a bu, hier soir, de trop nombreuses pintes est la cause de ce réveil intempestif. A la recherche des latrines, il s'est égaré dans le palais de Sa Grâce où tous les serviteurs s'étaient endormis, lorsque, soudain, il a aperçu une lumière, dans une pièce reculée. Le mousquetaire a pensé qu'il s'agissait d'un valet occupé à finir quelque tâche domestique.

– L'homme était de dos, et je n'ai pu voir son visage, car, dès qu'il m'a entendu arriver, avant même de se retourner, il a jeté à terre le flambeau qui l'éclairait. L'instant d'après, il se jetait sur moi.

Comme ni Athos, ni l'inconnu n'avait d'épée, les

deux hommes se sont battus à mains nues. L'adversaire du mousquetaire était le plus petit, mais sans doute le plus agile et, peut-être, le plus fort, en dépit d'une corpulence peu importante. Dans la mêlée, sans y prendre garde, les doigts d'Athos ont trouvé la bourse que l'homme portait autour du cou. Ce dernier a poussé un cri terrible et Athos a aussitôt senti une terrible douleur lui percer le bras. L'autre avait sorti un stylet qu'il parvint à replonger dans la main du soldat français. Celui-ci a compris qu'il devait garder le sac. Mais comment, dans une quasi-obscurité, se protéger de la lame acérée qui le visait ? A tâtons, et alors que l'autre se cognait contre une table renversée durant leur lutte, Athos a trouvé une porte. Le temps de se mettre à l'abri dans la pièce voisine et de tirer le verrou, et le mousquetaire, perdant son sang en abondance, épuisé par ce combat, s'est laissé tomber tout contre le battant qui le séparait de son impitoyable adversaire. Dans la lueur de l'aube qui se levait, il a regardé le contenu de la poche de cuir, mais sitôt après, ses dernières forces l'ont trahi, et il s'est évanoui. Ce sont les gardes du palais qui l'ont ramené à lui dès qu'ils l'ont découvert, dans une aile du palais peu utilisée.

D'Artagnan voit définitivement s'éloigner, avec un profond soulagement, le spectre maternel.

– Athos, mon ami, je savais d'ores et déjà que je pouvais compter sur toi, mais sache désormais, que je suis ton frère.

Sa Grâce n'écoute plus, ne regarde plus, ni d'Artagnan, ni Athos, dont Milady de Winter panse les plaies, le duc ne pense plus qu'à une chose : les bijoux qui lui ont été offerts par la marquise de Northumberland sont désormais tout à fait inutiles, puisque les douze ferrets, authentifiés par l'orfèvre qui se demande s'il sera payé pour le travail, sans objet désormais, déjà effectué, ont été récupérés. Sa Grâce ne pense qu'à cela : en un instant, et grâce à la bravoure du mousquetaire venu de France, Verena de Northumberland vient de perdre l'instrument qui lui permettait de s'assurer de la personne du duc et de s'en faire épouser. Au diable, ses bijoux, qu'elle les emporte où elle voudra, pense Sa Grâce qui ne sait pas encore que le cadavre de Verena de Northumberland gît dans son palais.

Oui, sur ce terrain situé au faubourg Saint-Jacques, la reine doit hâter l'édification de ce monastère de bénédictines. La princesse réfléchit. Que faire pour attirer l'attention de la Vierge, de la Trinité, de saint Benoît et de sainte Scholastique, et faire en sorte que ce jeune cadet aux gardes mène à bien sa mission ? Anne d'Autriche ne peut plus, ne veut plus embrasser tous ces lépreux, ces mendiants édentés, borgnes ou aveugles, ces fous crasseux et ces mourants disgraciés. Le Ciel ne va donc pas lui pardonner sa faute, la souveraine n'a-t-elle pas fait montre, depuis le départ pour l'Angleterre de son envoyé, d'assez de piété et de contrition ? L'instant d'égarement qu'elle ne cesse de regretter n'est-il pas effacé au centuple, par les bienfaits et les largesses que la reine, depuis, répand autour d'elle ?

Les soldats expliquent. Tandis que leurs camarades trouvaient, dans la vieille aile, le corps, inanimé mais encore en vie, du mousquetaire français, eux, ont, hélas, quel grand malheur, Votre Grâce, quelle vilenie, trouvé celui, définitivement immobile, de la marquise de Northumberland, le visage scarifié.

Le duc regrette un peu de ne pas avoir pu chasser la marquise de chez lui. Son plaisir est quelque peu gâté par cette mort qui lui est ainsi dérobée, il aurait tant aimé pouvoir dire son fait à Verena. Mais ses serviteurs ne lui laissent pas le temps de savourer cette satisfaction teintée d'un léger regret, car, explique le capitaine des gardes, en se servant de son sang, la feue marquise est parvenue à écrire le nom de son assassin sur un parchemin. Le capitaine marque une pause.

Mais Sa Grâce s'impatiente, que le soldat parle, vite, allons.

– Rochefort, annonce le capitaine des gardes.

– Rochefort ! s'écrie, pâlissante, Milady de Winter.

– Rochefort, mais qui est-ce ? demande d'Artagnan.

– Rochefort, oui, j'ai déjà entendu parler de lui, murmure George Villiers.

– L'âme damnée de Richelieu, répond, dans un souffle, Athos. Rochefort, l'exécuteur des basses œuvres du cardinal, celui qui n'a pas hésité, pour conforter le pouvoir de son maître et sa toute-puissance sur un royaume qu'un roi trop indécis et, somme toute, incapable, lui a donné à administrer, à occire, à la demande, ecclésiastiques, femmes et enfants. J'aurais dû y penser plus tôt. Qui donc, hormis ce fourbe, serait assez lâche pour s'attaquer, la nuit, à des hommes désarmés, des femmes, même ? Et qui aurait pu s'en prendre à ces pauvres Higgins ?

C'est donc Rochefort qui, depuis l'arrivée des envoyés de la reine de France, s'est employé, dans l'ombre, à ce qu'échoue la mission de ces derniers, et c'est lui qui a tenté de s'emparer des ferrets de la reine et a, du reste, bien failli y parvenir, et c'est donc lui, conclut le duc, qui est la cause indirecte de la disgrâce, passagère, que Sa Grâce a dû signifier à Deborah à la demande de Verena de Northumberland. Et cela, le duc ne peut le supporter ni le pardonner. Ce Rochefort devra payer, Buckingham s'en fait le serment.

D'Artagnan s'enquiert de la manière dont le misérable a bien pu parvenir à s'introduire dans le palais sans attirer l'attention des serviteurs et des gardes.

Le capitaine des gardes de Buckingham Mansion n'a pas encore révélé toute l'étendue des faits. Quoi qu'il lui en coûte, il est contraint de raconter à son maître ce qui vient de lui être rapporté : grâce aux investigations et aux recherches entreprises à la demande du duc, les gardes ont, enfin, découvert qu'un souterrain secret prend naissance dans l'âtre d'une cheminée.

– Et où mène-t-il ?

Le capitaine des gardes préférerait se taire, ou différer la réponse, mais le duc insiste.

– Votre Grâce, cette galerie court depuis le palais jusqu'aux jardins qui entourent la demeure qu'habite l'ambassadeur de France.

Buckingham ne comprend pas.

– Oui, Votre Grâce, c'est sans doute par là que Rochefort, le serviteur dévoué du cardinal de Richelieu qui s'en est pris à Milady de Winter, à d'Artagnan et à Athos, s'est enfui.

Alors, même lui, déclare le favori du roi Charles, il ne peut rien contre cet homme. Rochefort est, à l'heure qu'il est, à l'abri, derrière les murs de l'ambassade, c'est-à-dire en terre française. L'ambassadeur, le comte de Tréville, le propre frère du capitaine des mousquetaires, a été, il y a peu, nommé par le roi de France, sur recommandation expresse du cardinal, et nul doute que le diplomate a reçu ordre d'apporter à l'espion tout le secours nécessaire au bon accomplissement de sa mission.

Les frères Tréville seraient-ils de connivence et travailleraient-ils donc tous deux pour le cardinal ? Ce serait terrible, songe d'Artagnan.

Ainsi donc, remarque Milady de Winter, le cardinal dispose de relais jusqu'ici, dans le royaume d'Angleterre !

– Oui, mais n'avons-nous pas gagné, jusqu'à présent ? intervient d'Artagnan.

Car, enfin, argue le cadet aux gardes, Athos et lui-même ne sont-ils pas parvenus à tenir tête à ce Rochefort, et n'ont-ils pas réussi à se rendre maîtres de la situation alors qu'ils ignoraient, l'un et l'autre, l'identité et les desseins de celui qui les attaquait dans l'ombre, et les ferrets de la reine de France ne sont-ils pas tous à présent en leur possession ! Il ne reste plus aux envoyés de la reine de France, en joignant leurs forces, et grâce à l'aide du duc, qu'à rejoindre le Louvre pour que les plans du cardinal soient proprement réduits à néant !

– Oui, sa puissance est trop grande, constate le duc, secrètement ravi par la perspective du très prochain départ, enfin, de tous ces Français. Il me faut obliger Richelieu à en rabattre, je dois aider les protestants de La Rochelle à se rebeller contre le roi de France. Outre la gloire du roi d'Angleterre, leur victoire sonnera, par voie de conséquence, la défaite et la disgrâce du cardinal.

– Oui, à Paris ! rugit Athos.

– Au Louvre, s'écrie Milady.

– Vive la reine ! s'exclame le duc de Buckingham, dont le cœur est tout entier tourné vers la seule Deborah.

L'instant d'après, d'Artagnan, Athos, dont les chirurgiens de Sa Grâce ont pansé les blessures, somme toute superficielles, ainsi que Milady de Winter, font leurs préparatifs de voyage, car il leur faut partir au plus vite. Rochefort, qui est peut-être déjà en train de voguer pour rejoindre les côtes françaises, ne va pas en rester là. De plus, fait justement remarquer Milady de Winter, si l'âme damnée de Richelieu a réussi à tenir la dragée haute aux émissaires de la reine de France sur le sol anglais, nul doute que, disposant, en terre française, de tous les moyens qu'il lui plaira de demander au cardinal, Rochefort va se révéler être un ennemi doté d'une tout autre puissance.

Parce qu'il est gentilhomme, et bien qu'il se moque tout à fait, à présent qu'ils vont débarrasser le plancher, du succès de leur entreprise, George Villiers propose à d'Artagnan et à ses deux compagnons de mettre une escorte à leur disposition. Mais ces derniers refusent. En effet, seuls, pensent les deux soldats et l'aristocrate anglaise, il leur sera plus facile de passer inaperçus, et puisqu'ils vont devoir affronter la police secrète du cardinal, dont toutes les forces et les ressources vont être jetées dans la bataille, la discrétion et la rapidité ne peuvent être que leurs meilleures alliées.

D'Artagnan, Athos et Milady de Winter ne doutent pas, malgré les embûches qu'ils pressentent, du succès final de leur mission. George Villiers se plaît déjà à songer à ses retrouvailles avec Deborah. Donc, nul ne pense plus à la marquise de Northumberland, dont la dépouille a été prestement escamotée. Alors que l'air ensoleillé se teinte de cette chaude lumière que possèdent, trop rarement, les journées de l'automne londonien, rares sont ceux qui prêtent attention à l'homme qui rôde, depuis l'aube, devant les grilles de la cour d'honneur de Buckingham Mansion, l'homme qui a fait le serment de tuer Sa Grâce.

Non, ce n'est pas Rochefort, mais le frère du Bohémien torturé à mort par les gens du duc. A vrai dire, une seule personne a remarqué le manège de celui qui s'est juré, en invoquant sainte Rita, de venger son malheureux frère : l'orfèvre de Sa Grâce. Mais, parce que plus personne ne paraît s'intéresser à lui, parce qu'il a l'impression d'avoir, toute la nuit, sué sang et eau, au milieu de ses creusets et de ses forges, de ses tours et de ses meules, sans raison aucune, le joaillier a décidé de se tenir désormais à l'écart de tout ce qui pouvait concerner la vie du palais et de Sa Grâce.

Certes, celle-ci a promis à l'orfèvre de lui payer la somme convenue et pour ce qui regarde les affaires d'argent, le duc est homme de parole, mais le joaillier ne peut supporter d'être ainsi, lui, un véritable artiste, l'égal d'un Benvenuto Cellini, ravalé au rang d'un artisan dont on peut ainsi traiter le savoir-faire. Aussi, lorsque le Gitan rancunier se présente à la conciergerie du palais, grimé en diseuse de bonne aventure, l'orfèvre, qui passe justement, en compagnie de ses aides, le seuil du palais, s'abstient de signaler aux gardes la présence, sous les haillons de la prétendue devineresse, d'une dague effilée.

Donc, à en croire cette nouvelle missive, l'affaire n'est pas conclue. Et la reine Anne est loin d'avoir perdu la partie. Certes, mais tout espoir n'est pas pour autant abandonné, puisque si d'Artagnan est à présent en possession des douze ferrets, ceux-ci n'ont pas encore été rapportés, et il s'en faut de beaucoup, à l'épouse du roi Louis XIII. De plus, lorsque le cadet aux gardes aura posé le pied sur le sol français, il sera beaucoup plus facile de s'assurer de sa personne que dans le royaume d'Angleterre. Oui, le bal de la Merlaison peut être encore, pour la reine de France, le commencement d'une fin qui serait dès lors très rapide.

La main gantée referme doucement la porte de la volière. Gentil pigeon, repose-toi, tu l'as bien mérité. Et puissent tes compagnons, tenus en cage tout au long de la route qui va de Londres à Paris, apporter, dans les heures qui viennent, la nouvelle de l'assassinat de Charles de Batz-Castelmore, dit d'Artagnan.

Grâce aux chevaux qu'ils trouvent, selon les ordres de Sa Grâce, à intervalles réguliers, d'Artagnan, Athos et Milady de Winter, les trois émissaires de la reine Anne d'Autriche ont tôt fait de parvenir jusqu'au rivage où un navire, de dimension réduite mais très rapide, les attend, toujours selon les instructions de Sa Grâce. D'un commun accord, c'est d'Artagnan qui porte sur lui les ferrets, enserrés dans une poche de tissu placée tout contre sa poitrine.

Tandis qu'Athos se repose, d'Artagnan aimerait fort, dans l'étroite cabine que l'équipage du navire a mise à sa disposition, poursuivre avec Milady de Winter le tête à tête commencé la nuit passée. Mais la belle baronne qui, après tout, n'est peut-être pas insensible au roulis de la mer, parvient sans peine à convaincre d'Artagnan qu'il serait hasardeux, avant d'avoir rallié l'alcôve de la reine Anne, de disperser ses forces. De plus, la baronne de Scheffield ne voudrait pas que sa conduite puisse susciter un trop grand intérêt de la part de l'équipage dont les membres la regardent avec l'insistance que sont seuls capables de témoigner des marins habitués à la seule compagnie des rustres et malpropres filles de taverne. Bref, Milady de Winter craint, par-dessus tout, qu'une mutinerie éclate si elle rejoignait d'Artagnan, au vu et au su de ces matelots tatoués et barbus.

– Sans doute avez-vous raison, madame, reconnaît le cadet aux gardes.

Ce dernier, néanmoins, a bien du mal à en prendre son parti. Le souvenir, pourtant confus et brumeux, tout à fait imprécis, du bonheur qui a été le sien au cours de cette nuit si étrange, si pleine de rebondissements, ne font qu'accroître sa déception. Cette traversée est si longue et si ennuyeuse, d'autant que les occupants de la cabine voisine ne semblent pas, eux, partager le point de vue de Milady de Winter quant aux risques qu'il y a à exacerber les désirs d'hommes prêts à tout. Aussi, demeuré seul, d'Artagnan, toute honte bue, approche son visage de la mince cloison séparant les deux cabines. Là où manque un éclat de bois.

Le spectacle est tel, et la surprise du cadet aux gardes est si grande que ce dernier n'entend pas venir Athos. Celui-ci, à qui l'air du large fait le plus grand bien, ouvre tout grand la porte de la cabine. Pris sur le fait, d'Artagnan s'écarte vivement de son poste d'observation.

– Ah ! Là, derrière ces planches, souffle le cadet aux gardes.

Athos a compris. Rochefort ! Le mousquetaire a peine à le croire. Le destin, aux détours souvent incroyables, a donc voulu que l'agent du cardinal s'embarque sur le même bateau que les trois dévoués serviteurs qu'il a tenté de dépouiller ? Pressé d'en découdre avec l'espion, Athos porte la main à son épée. L'instant d'après, la porte de la cabine voisine vole en éclat. Athos s'arrête net, interdit. La femme hurle et se couvre. Le premier homme, stupéfait, demeure bouche bée. Le second, les yeux encore fermés, qui ne s'est pas aperçu de l'arrivée d'un nouveau venu, continue de prodiguer de vifs encouragements à ses deux partenaires.

Ensuite, dans un premier temps, d'Artagnan doit expliquer à Athos que, s'il ne connaît pas davantage que le mousquetaire les deux passagers mâles de la cabine voisine, le cadet aux gardes connaît, en revanche, très bien la jeune femme. Enfin, croyait la connaître, confesse d'Artagnan, car Angélique de la Colombe a, depuis leur première rencontre, il y a pourtant fort peu, bien changé. Aussi, dans un second temps, c'est auprès du capitaine du navire que le cadet aux gardes doit recueillir les informations propres à l'éclairer. Et le marin, à son tour, de parler. Non, il ne sait pas grand-chose de cette jeune femme, si ce n'est qu'elle vient de perdre sa mère, terrassée, alors que toutes deux venaient d'arriver de France, par une maladie cruelle, soudaine et sans appel. Emu par la détresse qui étreint l'orpheline, le capitaine a bien voulu lui faire crédit et consentir à la ramener en France, il n'en sait pas plus.

D'Artagnan ne veut pas en savoir plus. Ce peut-il que la perte d'un parent entraîne un tel changement chez un être humain ? Comment peut-on rapprocher l'image qu'offrait, il y a quelques jours à peine, la pieuse et prude Angélique de la Colombe avec la créature, aux gestes sûrs et non dénués d'audace, que le cadet aux gardes aurait pu observer plus longtemps sans l'intervention intempestive du mousquetaire du roi Athos ? D'Artagnan ne le sait assurément pas, mais il y a encore tant de choses qu'il ignore, songe le cadet aux gardes qui ne comprend vraiment pas pourquoi Milady de Winter, si empressée à son endroit la veille au soir, se montre aujourd'hui si distante.

La nuit est proche lorsque le bateau parvient à proximité de la côte française. Un temps, d'Artagnan regrette de ne pas avoir demandé au capitaine de le débarquer dans une crique solitaire, pour le cas où Rochefort, peut-être muni des autorisations nécessaires, aurait pris soin d'alerter les garde-côtes. Mais non, personne n'est là pour s'assurer de la personne des trois émissaires de la reine.

Ces derniers décident de passer la nuit dans l'auberge du port. Chacun dans sa chambre, précise

Milady de Winter, au grand dam du cadet aux gardes.

Le souper vite expédié, ce dernier se retrouve seul, dans sa mansarde. Se peut-il que la baronne de Scheffield n'ait pas envie de remettre sur le métier leurs activités de la nuit dernière ? Le plaisir dont se souvient le cadet aux gardes a été si violent qu'il est impossible que Milady de Winter ne l'ait pas eu en partage, à moins que celle-ci, tout à sa volonté de mener à bien sa mission et de secourir sa souveraine se soit repentie de s'être, un temps, écartée des strictes nécessités que lui imposent sa charge et sa mission. A moins, blêmit d'Artagnan, que le trapu Athos n'ait supplanté, dans le cœur de la baronne, un simple cadet aux gardes jugé trop peu expérimenté ? Oui, c'est cela, la préférence de la baronne, qui a beaucoup vu, appris et voyagé, va bien entendu aux hommes dotés d'une certaine expérience, frémit le jeune Gascon. Ah, cette incertitude !

L'auberge est à présent silencieuse, les marins ont cessé de chanter et sont probablement en train de ronfler dans la salle, songe d'Artagnan qui se morfond. Soudain, un bruissement dans le couloir. Le cadet aux gardes se redresse. Rochefort ? D'Artagnan, sans faire le moindre bruit, se saisit de son épée, puis s'apprête, selon le code convenu, à taper contre le plancher pour appeler Athos à l'aide. Et, parce que deux précautions valent mieux qu'une, le jeune homme repasse autour de son cou le sac d'étoffe contenant les douze ferrets qu'il avait déposé sur une chaise. Pour s'en emparer, il faudra le tuer auparavant.

Dans la lueur de la chandelle que le cadet aux gardes n'a pas encore mouchée, la porte s'ouvre. Milady entre, une bouteille à la main.

La baronne de Scheffield pense qu'elle et son

compagnon peuvent reprendre la conversation au point où ils l'ont laissée hier soir.

La jeune femme est ravissante. D'Artagnan, d'un bond, s'est levé. Le cœur battant, il va baiser la main de sa visiteuse lorsqu'Athos fait entendre sa voix dans l'escalier.

– Qu'il s'en aille, murmure Milady, je ne veux pas qu'il me sache ici, je vous en supplie, de grâce.

Trop heureux d'être en situation de répondre au vœu de la baronne de Scheffield, le cadet aux gardes sort sur le palier pour détromper Athos.

– C'est une fausse alerte. Désolé, vieux camarade, je me suis assoupi et mon épée est tombée.

– Trois fois de suite ? s'étonne le mousquetaire.

D'Artagnan ne répond pas. D'une main amicale et ferme, il invite Athos à regagner sa chambre sans attendre, impatient de retrouver la sienne ainsi que Milady de Winter.

– Voilà, il ne nous dérangera plus, assure d'Artagnan.

Milady ne répond pas. Elle est occupée à emplir leurs deux verres, une nouvelle fois.

– D'Artagnan, fais du feu dans la cheminée, je t'en prie.

Peu après, la baronne de Scheffield enlace son amant dont elle caresse le visage éclairé par les flammes qui crépitent dans l'âtre. Le vin est monté à la tête des deux jeunes gens qui s'abandonnent l'un à l'autre. Ceux-ci n'interrompent leurs caresses que pour replonger leurs lèvres dans le breuvage dont Milady explique à d'Artagnan qu'il éveille les sens comme nul autre, grâce à une très antique recette venue d'Arabie. Le cadet aux gardes se sent pénétré du même bonheur qu'il a connu la veille. Peut-être Milady a-t-elle l'habitude de verser dans le vin qu'elle sert à ses amants un philtre magique ? Tant mieux, songe d'Artagnan, envahi d'un bonheur suprême, si tel est l'effet de ce charme.

Le temps passe. Milady n'a, jusqu'à présent, pas encore accédé au désir suprême du jeune homme, lorsque ce dernier entend la demande que lui présente la baronne de Scheffield. A présent, celle-ci, avant de se livrer au cadet aux gardes, veut sentir, sur sa peau, la caresse des douze ferrets d'Anne d'Autriche. Après tout, la reine lui doit bien cela. En effet, n'est-ce pas, du moins en partie, grâce à la baronne de Scheffield que l'épouse de Louis XIII va pouvoir arborer ces merveilleux joyaux lors du bal de la Merlaison ?

– Bien sûr, acquiesce d'Artagnan, au comble du désir.

Le Gascon ne sait déjà plus combien de verres il a vidé en compagnie de l'espionne, et, de plus, il peine à se défaire du sac contenant les ferrets. Milady de Winter vient à son secours, d'une main douce qui s'attarde autour du cou du jeune homme et lui caresse le poitrail.

– Bois encore un peu, Charles.

Il semble à d'Artagnan que le feu embrase à présent toute la pièce. Est-ce un incendie ? Non, sans doute, puisque Milady de Winter est toujours là, parée des douze ferrets de la reine de France qui accrochent les lueurs du feu et la rejettent en mille taches de lumière qui vont lécher de leurs feux somptueux les murs salis et le plancher raboteux de l'humble chambre.

Milady de Winter danse, seule au milieu de la pièce, ses cheveux blonds dénoués. D'Artagnan sent que sa raison l'abandonne puis, sans bien savoir ce qu'il fait, il se lève et tombe aux pieds de la baronne qui le relève et l'entraîne, le portant plus qu'elle ne le soutient jusque sur le lit défait. Le Gascon plonge son visage dans les cheveux défaits, parfumés, de l'espionne royale et ensuite, Milady de Winter prend la main de d'Artagnan et la guide.

Au même moment, dans la bonne ville de Paris, au 35 de la rue de Seine, commence une très étrange et très dangereuse cérémonie qui se déroule derrière des volets soigneusement clos.

– Maintenant, Emmanuelle, calme ma jeune nièce, pose-la sur ce couffin et sors de cette pièce. Mais avant, et puisque cette branche de houx n'a pas produit l'effet escompté, donne-moi cette poignée d'orties, s'il te plaît.

Le lendemain matin, d'Artagnan se réveille très tôt. Sitôt les brumes du sommeil envolées, le cadet aux gardes est tout entier habité par une seule pensée : Milady de Winter, dont il entend la respiration régulière, est à côté de lui, la baronne de Scheffield, qu'il a aimée toute la nuit. Doucement, en s'efforçant de ne pas la réveiller, pas encore, le jeune militaire se tourne vers sa compagne.

Dans la clarté qui filtre au travers des rideaux grossiers, le cadet aux gardes contemple Milady de Winter, couchée sur le côté. La chemise de la jeune femme a glissé et laisserait nue son épaule si ses longs cheveux dénoués ne venaient pas défendre sa pudeur. D'Artagnan jouit du bonheur qu'il éprouve à regarder la messagère de la reine Anne. Oui, d'Artagnan voudrait que cet instant dure à jamais. Le jeune homme voudrait, toute sa vie, pouvoir rester, jusqu'à la fin des temps, dans cette auberge, cette chambre, ce lit, si Milady de Winter demeurait, elle aussi, à son côté. Et comment penser que la jeune femme serait d'un avis contraire, après ce qui s'est passé cette nuit et qui, d'Artagnan le sait, a apporté à la jeune femme, autant qu'à lui-même, des plaisirs plus complets que durant la nuit passée chez le duc de Buckingham, quoiqu'il n'en garde, une nouvelle fois, qu'un souvenir imprécis. D'Artagnan est heureux, et inquiet. Lorsque la mission des agents de la reine de France sera achevée, que cette dernière aura retrouvé les ferrets, qu'en sera-t-il de lui et de Milady de Winter ? Certes, la jeune femme s'est montrée fort empressée et fort ardente, au cours des deux dernières nuits. Mais cette inclination ne témoigne-t-elle pas du simple amusement passager auquel s'est abandonnée, pour sa seule distraction, une espionne assurée du succès de sa mission ? La place de Milady de Winter, à la cour de France et auprès du roi d'Angleterre, est sans doute par trop remarquable pour que l'Anglaise continue à s'intéresser à un gentilhomme d'une maison, certes ancienne, mais désargentée et dépourvue des attraits propres à plaire à une personne de qualité admise dans l'intimité de l'arrière-petite-fille de Charles Quint.

Mais, parce qu'il faut repartir, que le chemin est encore long, avant d'atteindre Paris, et sans doute semé d'embûches, le cadet aux gardes se résout à réveiller, enfin, la belle endormie. Tout doucement, il se penche sur la nuque de la baronne de Scheffield, ce cou d'albâtre si fin et si doux, d'Artagnan approche ses lèvres. Non, il ne veut pas prendre le risque de réveiller la baronne, il veut seulement respirer son délicat parfum et, ainsi uni à celle qui l'a aimé cette nuit, jouir pleinement de cet instant de bonheur parfait. Tout à coup, le cadet aux gardes s'arrête, interdit, foudroyé.

A demi dévoilée par la chemise qui a glissé sur l'épaule, une cicatrice est inscrite dans la chair de la baronne de Scheffield. Un stigmate aux contours brunis, une boursouflure dont il semble à d'Artagnan qu'elle possède une forme régulière, connue... Soudain, et, sans doute parce que d'Artagnan s'est approché trop près et que son souffle l'aura gênée, Milady se réveille et tourne la tête.

Ces yeux, n'est-ce pas la haine qui se lit en eux ?

Jamais d'Artagnan n'a vu un tel regard. Le cadet aux gardes doit parler, trouver les mots, la première banalité qui lui vient à l'esprit, mais son esprit demeure désespérément vide et sa bouche muette. Le cadet aux gardes lit dans le regard de Milady de Winter la condamnation sans appel, le reproche qui lui est fait d'avoir transgressé un interdit formidable. Mais lequel, se demande le cadet aux gardes, qui ne s'y connaît guère en matière de femmes.

Alors, tandis qu'une froide sueur perle à son front, d'Artagnan, impuissant, démuni et résigné, voit soudain, le beau visage de Milady prendre une expression très désagréable.

La baronne se lève d'un bond et, sans prendre garde au broc de faïence qu'elle renverse et qui vole en éclat, attrape son châle et s'en drape. Sans plus regarder le jeune homme, elle sort de la chambre, et laisse ce dernier interdit et pantois. Mais qu'ai-je donc fait ? se demande d'Artagnan.

Au moment du départ, tandis qu'Athos donne les derniers ordres au garçon d'écurie, Milady, qui a recouvré son calme, vient s'excuser de son geste. Que le cadet aux gardes comprenne, une femme n'aime guère que son amant la voie sans ses atours, ses onguents et ses poudres. Le jeune homme doit lui pardonner son mouvement d'humeur, mais aussi, il doit apprendre à ménager l'amour-propre des dames, s'il veut continuer à leur plaire et à s'en faire aimer.

– Comprenez, Charles, ce matin, j'étais tout ébouriffée, je craignais que vous ne me trouviez affreuse.

D'Artagnan va s'expliquer, s'excuser, jurer à la baronne de Winter qu'on ne l'y prendra plus, invoquer sa rusticité et sa méconnaissance des usages, mais Athos revient. Au terme d'une brève concertation, les trois émissaires de la reine de France se mettent d'accord : Milady va regagner Paris en carrosse et attirer sur elle l'attention des éventuels espions du cardinal. Les deux militaires, eux, chargés des ferrets de la reine, doivent rejoindre la capitale en empruntant les chemins de traverse pour tenter de déjouer la surveillance que le cardinal, prévenu par Rochefort, a sans doute mise en place sur les routes principales.

Les deux hommes chevauchent depuis plusieurs heures sous une pluie fine, une pluie d'automne qui les transperce et leur bat le visage, rend les cailloux glissants et forme, par endroits, des étendues boueuses, mais d'Artagnan ne souffre ni du froid, ni de la fatigue. Cette boursouflure, sur l'épaule de Milady l'obsède.

Alors, parce qu'il n'en peut plus, il se confie, lors de la première halte, à son compagnon. Ce dernier s'esclaffe. La marque du bourreau ! Oui, cette Milady est sans doute une ancienne ribaude, et le naïf cadet aux gardes a aperçu la fleur de lys que le bourreau du roi a imprimée sur la peau d'une aventurière.

D'Artagnan s'emporte. Comment le mousquetaire peut-il ainsi parler d'une dame de qualité à qui la reine de France a confié la défense de ses intérêts et qui possède ses entrées au Louvre et à la cour d'Angleterre ? D'Artagnan saisit son compagnon au collet. Tout doux, jeune Gascon, et d'Artagnan a-t-il une meilleure idée pour expliquer la soudaine colère de Milady ? Le cadet aux gardes, parce que la grossière plaisanterie du mousquetaire l'émeut et le trouble, ne sait que dire. Mais le temps presse, les deux soldats doivent reprendre leur route, sous la pluie qui redouble d'ardeur, et au milieu des rafales de vent qui battent à présent le vaste plateau désolé où galopent les deux hommes.

Oui, d'Artagnan en est certain, maintenant. Et, à y repenser, les sentiments de stupeur et de détestation qu'il a lus, tout à l'heure, sont là pour confirmer l'assourdissante, l'abominable intuition du mousquetaire Athos. La chose est incroyable, inacceptable, mais vraie. Comme toute créature convaincue d'être une fille de joie, Milady de Winter a été marquée au fer d'un lys royal, la fleur indélébile que la justice a gravée en sa chair afin de proclamer, pour l'éternité, sa conduite infamante. Et, par deux fois, d'Artagnan a aimé et a été aimé d'une catin.

D'Artagnan est mortifié, Milady s'est bien moquée de lui. Si la baronne de Scheffield, ou celle qui se prétend telle, a su prodiguer tant de plaisirs au militaire, c'est, comprend d'Artagnan, parce qu'elle a pu éprouver les effets de ses caresses sur tant d'hommes qu'elle ne peut sans doute elle-même en connaître le nombre. Comment le Gascon a-t-il pu se montrer aussi naïf ? La traîtresse, la sorcière ! Et le jeune homme n'éprouve plus à présent que dégoût à la pensée des moments passés cette nuit, à moins qu'il ne s'agisse des instants de plaisir qu'il a échangés avec la baronne dans la demeure de Buckingham, il y a deux jours ? Mais pourquoi donc les souvenirs du cadet aux gardes sont-ils à ce point imprécis dès lors qu'il évoque ses étreintes avec Milady de Winter ? Oui, la vérité est là, claire comme de l'eau pure. La baronne de Scheffield a, pour mieux endormir la vigilance du jeune Gascon et pour engourdir ses sens, pris soin de verser dans son verre une drogue destinée à endormir sa raison. Une première fois, à Buckingham Mansion, une seconde, hier soir, pour prodiguer ses immondes caresses sans qu'il puisse remarquer la marque honteuse flétrissant l'épaule de l'aventurière. Voici pourquoi Milady, parce qu'elle ne s'est pas réveillée avant le jeune homme, ce matin, et n'a donc pu se mettre à l'abri de toute indiscrétion, s'est emportée contre lui, dès lors qu'elle a senti, en se réveillant, le regard du cadet aux gardes porté sur elle, sur cette épaule avilie.

D'Artagnan frissonne, de froid, de fatigue, de dégoût. Le cadet aux gardes ne prête pas attention aux branches qui lui fouettent le visage, il se contente de suivre Athos qui galope, devant lui, à bride abattue. Et pourquoi ne pas s'arrêter là, confier à Athos ceux des ferrets que d'Artagnan a dans ses fontes afin que le mousquetaire les emporte, avec les bijoux qui sont en sa garde, jusqu'à Paris ? Oui, d'Artagnan devrait sans doute tourner bride et gagner au plus vite la Gascogne. Mais non, cela ne se peut, le cadet aux gardes a promis à la reine de France et de Navarre, et puis, il lui faudrait rendre des comptes à sa mère.

Soudain, un nouveau précipice s'ouvre devant le cadet aux gardes. La reine, que sait-elle ? Anne d'Autriche ne peut ignorer que son émissaire est marquée au fer rouge. Alors, c'est que la reine de France elle-même se complaît dans la débauche la plus effrénée. Comment, du reste, pourrait-il en être autrement, puisqu'elle n'a pas hésité à confier ses bijoux au principal ministre de la nation qui est la principale ennemie du royaume de France ? Et sa femme de chambre, la grosse Constance Bonacieux, n'est-elle pas la complice de sa maîtresse ? Tout n'est donc que vilenie et luxure ? D'Artagnan a compris, les appartements de la reine de France le disputent, pour ce qui concerne l'ignominie, à la tour de Nesle de Marguerite de Valois.

D'Artagnan veut jeter, extirper de son corps la souillure qui s'y est accrochée sans qu'il s'en aperçoive, il veut redevenir un petit garçon. Le cadet aux gardes ne veut plus être mousquetaire, il veut retourner dans le Béarn, et y demeurer à jamais, loin de ces intrigues de cour, de ces boues putrides. D'Artagnan frémit. Non, c'est impossible, sa mère est là, impitoyable, dure, menaçante, qui l'attend dans la grande salle lépreuse du château délabré. Et sa mère rappelle ses mises en garde au jeune Gascon. Les femmes, mon pauvre fils, surtout celles qui vivent à la cour de France, sont des créatures perverses, filles du démon, tout entières tournées vers la luxure et la satisfaction de leurs vices. Tu devras t'en méfier et ne jamais leur accorder ta confiance.

Non, d'Artagnan ne peut retourner au château familial, ni confesser son erreur, son imprudence, le déshonneur qu'il a infligé à sa famille, ni avouer qu'il s'est mis au service de la plus lubrique des reines en désobéissant à son roi, ni admettre qu'il s'est abandonné dans les bras d'une débauchée. Oui, tout ceci est impossible, impensable, constate d'Artagnan qui force sa monture sans craindre de la crever sous lui. Il lui faut arriver, arriver à Paris au plus vite. Non pour épargner à Anne d'Autriche les tourments qui sont les siens, en attendant de connaître l'issue, favorable ou non, de la mission confiée au cadet aux gardes, mais pour en finir au plus vite ! D'Artagnan doit rendre à la reine les preuves de sa débauche, puis, sans même accorder le moindre regard aux servantes de la nouvelle Messaline, aller chercher la paix dans un monastère, le plus reculé que le cadet aux gardes pourra trouver, l'établissement où la règle est la plus stricte et la plus propre à lui permettre d'expier ses fautes, oui, c'est cela, et rien que cela, pouvoir, enfin, demander grâce à Dieu. Alors, tandis que les épines du chemin creux lui déchirent le visage, d'Artagnan sourit. Un peu.

La nuit est tombée lorsque les deux militaires entrent dans Paris. Les deux hommes ne peuvent, dès maintenant, se rendre au Louvre, d'Artagnan en est certain, et estime que si le cardinal de Richelieu a laissé le cadet aux gardes et son compagnon arriver jusqu'ici, sans doute est-ce pour mieux les faire disparaître dès qu'ils tenteront de s'approcher de la reine. Athos est du même avis. Si nul ne les a attaqués en chemin, ce n'est pas seulement parce que les deux militaires ont pris des voies détournées pour regagner la capitale, c'est aussi parce qu'il est plus aisé, pour Richelieu, de s'attaquer aux deux hommes à Paris et de faire disparaître des cadavres encombrants en les jetant, à la Bastille, dans un cul-de-basse-fosse. Alors que faire ? Gagner l'hôtel de M. de Tréville, le capitaine des mousquetaires et, de là, envoyer un message à la reine selon un moyen discret convenu à l'avance ? Mais Tréville est-il, ou non, un allié ? Les deux soldats n'ont guère le choix. Il leur faut aller chez Tréville. En priant Dieu.

Milady, pense d'Artagnan, une putain. Le cadet aux gardes hait le monde entier, la reine et le duc de Buckingham, par la faute desquels tout est arrivé, Richelieu, puisque ses espions traquent le cadet aux gardes et veulent sa perte, Athos, parce que, d'Artagnan le sait, ce dernier ne pense qu'à retrouver Wet-Wet-Gladys. Toutes les femmes ne sont-elles que des ribaudes ? Sa mère a-t-elle raison lorsqu'elle prétend que Paris est la capitale de tous les vices et que la colère de Dieu s'abattra un jour sur les pécheurs ?

Quoiqu'il ne sache pas ce que contient l'écrin, M. de Tréville accepte bien volontiers, en souvenir de l'amitié qui le lie au père du jeune cadet de Gascogne, de le mettre en sûreté dans son coffre. Là, au milieu des mousquetaires qui, tous, vouent une solide inimitié au cardinal et à tous ses sbires, les bijoux de la reine sont en sécurité. Tandis qu'Athos dresse la liste des mérites de Wet-Wet-Gladys à ses compagnons attentifs, d'Artagnan, après s'être saoulé dans la salle des gardes, s'écroule, bottes aux pieds, sur la paille de l'écurie. Les animaux sont les seules créatures vivantes dont le jeune Gascon entend désormais rechercher la compagnie. Avant de s'endormir, le cadet aux gardes songe que Tréville a l'air sincère et loyal. Le Gascon verra bien, au demeurant, si le vieux gentilhomme le fait assassiner durant son sommeil.

Soudain, une brûlure lui déchire le flanc. Le jeune homme étouffe un cri et se retourne. La reine s'écarte. Anne d'Autriche tient encore dans sa main, gantée et parfumée, le poignard effilé dont elle vient de transpercer sa victime. Le soldat, incrédule, porte la main à son côté avant d'y poser ses yeux. Du sang. Le sang qui imprègne déjà son habit, qui s'écoule, abondant, de son corps. Le sang, rouge sombre, qui tombe à grosses gouttes sur le tapis aux armes de France et de Navarre et empourpre les fleurs de lys.

Le jeune militaire regarde autour de lui. Il se trouve dans les appartements de la reine, au Louvre. Quel est ce prodige ? D'Artagnan tombe à genoux au beau milieu de la pièce lambrissée. C'est étrange, il n'a plus mal. Peut-être a-t-il trop peur. Le soldat va mourir, et sa main ne peut tarir le flot rouge, doux, caressant, tiède, presque rassurant. Il regarde la silhouette qui se découpe sur la grande tapisserie laissée dans la pénombre par les chandeliers aux flammes tremblantes. Cette ombre est celle de son corps. Pour si peu de temps, encore...

Les dames d'honneur de la reine, sans mot dire, s'écartent du blessé. Soucieuses, sans doute, que le sang de l'assassiné ne gâte pas leur bel habit de cour. Anne d'Autriche est très pâle. La main toujours crispée sur son arme, elle fait signe à Constance Bonacieux. Il faut, en toute hâte, ouvrir une petite porte dissimulée sous une lourde tenture. Est-ce par là que, chaque soir, lorsque le roi est dans son oratoire, la reine fait entrer le duc de Buckingham ?

Révérence faite, les femmes de la reine, toujours silencieuses, quittent la pièce, l'une derrière l'autre. Le soldat regrette que s'en aillent, déjà, ces dames si belles, si bien habillées, et dont les nobles manières témoignent qu'elles sont au service de la plus élégante des reines, Anne d'Autriche. Leur présence, pense-t-il, aurait sans doute adouci ses derniers moments. Constance s'incline et sort la dernière, tandis que la souveraine pose son arme sanglante sur une console. Lorsque la porte se referme, le jeune homme entend la clef tourner dans la serrure. Il va mourir et il est, à présent, en la seule compagnie de sa meurtrière. Mais qu'aurait-il à craindre, à présent ? La souveraine l'a déjà tué !

Le soldat est à bout de forces. Il va trépasser dans ce décor somptueux, digne du goût raffiné de l'épouse du roi de France, sous ce plafond à caissons dorés, au milieu des meubles et de ces objets d'art splendides. Son regard se perd, sur les corniches et les moulures, sur ces ors qui se consument doucement à la lumière des chandeliers tremblants. C'est si beau...

Un froissement de tissu. La reine est toujours là, derrière le militaire. Au prix d'un effort qui l'épuise, le jeune homme parvient à tourner la tête. Il regarde, tandis que halètent les bougies, le beau visage de la souveraine. La reine le contemple aussi, puis se dirige vers un cabinet de bois noir aux portes incrustées de nacre et de pierres dures. Avec précaution, elle en ouvre les deux battants, approche un chandelier.

Rendue plus mystérieuse encore par la lueur vacillante de la flamme, une petite statue sombre contemple la scène depuis le fond de la niche où elle se tapit. C'est une Vierge noire, à la tête plate ceinte d'un bandeau de pierre, qui tient sur ses genoux un Jésus couronné. Un instant, le jeune homme regarde la mère de Dieu et son enfant. Et il lui semble que ce dernier le fixe de ses prunelles d'ivoire. Les yeux où d'Artagnan aperçoit des veines brunes. Dieu tout-puissant et miséricordieux ! Oui, le cadet aux gardes en est sûr, l'enfant de pierre, la divinité promise à la mort, l'observe lui aussi. Que cherche à lui dire, de son regard pénétrant, l'enfant promis à la crucifixion ?

Mais le militaire ne meurt pas assez vite, au gré de l'arrière-petite-fille de Charles Quint. Alors, Anne reprend son poignard, et se penche au-dessus du jeune homme. Le soldat ferme les yeux. Mais ses forces, sa volonté trahissent la souveraine. Elle lâche le poignard, puis, comme possédée, se retourne vers la statuette. Cerné par les brumes rouges qui s'emparent de son esprit, le soldat, dont les dernières gouttes de sang s'enfuient, emporte de ce monde une ultime vision : la reine de France, vêtue d'une somptueuse robe de soie brodée, qui se jette au pied de la Vierge à tête plate. Et, par-dessus le grand col en dentelle de la souveraine, l'idole bicéphale regarde toujours le soldat.

Anne d'Autriche prie, longtemps. Puis, elle se relève, reprend son arme... Le militaire n'est plus à présent qu'une chose immobile et inerte, enveloppée d'un habit imbibé de sang. Il ne bouge plus, ne respire plus, car il est mort.

Certes, le militaire est trépassé. Mais il constate avec intérêt et surprise qu'il sait toujours ce qui se passe autour de son corps et, même, peut maintenant lire dans les pensées des vivants. Et le soldat voit revenir Constance Bonacieux. Tout doucement, celle-ci retient le bras de l'épouse du roi Louis XIII. Le soldat est bien content que la femme de chambre empêche la reine de s'acharner sur sa dépouille. Dommage qu'il ne puisse la remercier de vive voix. Tout de même, cette Constance Bonacieux, quelle femme charmante et bien intentionnée. Constance, la providence des assassinés.

Alors, épuisée, Anne d'Autriche se laisse choir sur un fauteuil à haut dossier. Une dernière fois, elle se tourne vers la statuette. Que la Vierge et l'Enfant divin lui pardonnent. Mais elle devait agir de la sorte, n'est-ce pas ? Oui. Voilà. C'est bien. Tout est accompli, songe la souveraine. Milady sera satisfaite. Et, surtout, Son Eminence. Et Jésus, aussi, qui rit sur les genoux de sa mère. Jésus qui vient dans la chambre, chaque soir, sous les traits de Buckingham.

D'Artagnan sait que son âme doit à présent s'éloigner et entreprendre une longue pérégrination, rejoindre cette cohorte de vestales enchaînées qui ont été emmurées vivantes parce qu'elles ont laissé le feu sacré s'éteindre, là-bas, à Rome. D'Artagnan ne comprend plus rien. Tout se mêle. Jésus et Buckingham, Anne d'Autriche et Vesta, la Vierge et les prêtresses de la Rome antique, le feu qui se meurt et les torches qui crépitent. La mort n'apporte donc pas le repos ?

Une dernière fois, le militaire contemple son corps, transpercé, qui gît dans les appartements de la reine, au plus profond du dédale que forment les appartements royaux du vieux palais du Louvre. Mais le temps passe. Et le soldat voudrait déjà être parvenu, par-delà les nuages bleutés, au terme de son voyage. Il est impatient d'apprendre ce qui va advenir des douze ferrets de la souveraine. Les bijoux qui sont, sans doute, cause de sa mort.

Les dames de la Maison de la reine reviennent et prennent place autour du cadavre. Chacune d'entre elles tient un chandelier. Sans accorder la moindre importance à la dépouille du cadet aux gardes, elles allument d'autres flambeaux accrochés aux murs.

Une veillée funèbre ? s'interroge d'Artagnan. Qu'importe. Une autre pensée s'empare à présent de l'esprit du mort, une idée qui lui donnerait envie de pleurer, si d'Artagnan le pouvait encore : quel regret ! Dire, songe le Gascon, dire qu'il ne pourra jamais devenir mousquetaire du roi. Sa mère ne va pas être contente du tout.

– Nue ! s'écrie Anne d'Autriche. Nue ! C'est tout à fait nue, et vêtue de mes seuls ferrets que j'irais, monsieur d'Artagnan, au bal de la Merlaison !

– Nue ! répète Constance Bonacieux.

Elle s'esclaffe bruyamment et déchire son corsage puis, sans cesser de rire, montre à d'Artagnan ses quatre seins tatoués de fleurs de lys. A ce moment-là, le jeune homme comprend qu'il rêve et se souvient, plus ou moins, qu'il se trouve à l'hôtel de M. de Tréville.

Très tôt, le matin venu, Constance Bonacieux vient chercher le cadet aux gardes. Par ordre de la reine, elle doit le conduire, alors que le Louvre se réveille à peine, jusqu'à l'appartement de la souveraine. Pour que les choses soient claires, la femme de chambre déclare au jeune homme que ses dispositions d'esprit n'ont pas changé, et qu'elle entend demeurer fidèle à son époux. Oui, poursuit Constance, elle est tout à fait désolée que le Gascon ait une telle opinion des femmes qui lui fasse croire que la recherche du plaisir est leur unique ligne de conduite. Parce que, ajoute la chambrière, dans ce siècle où les règles de la bienséance sont foulées au pied, elle est une de celles, point si rares que le cadet aux gardes semble le penser, pour qui les liens créés par une union consacrée devant l'autel ne peuvent être brisés.

Mais d'Artagnan n'écoute pas. Qu'elle dise ce qu'elle veut, cette grosse idiote, car dans peu de temps, le militaire pourra remettre à la reine l'écrin qu'il tient sous son manteau, et s'en aller, ensuite, pour ne plus jamais revenir.

Soudain, une sourde clameur monte dans les corridors et les escaliers de l'immense demeure faite de bâtiments et de styles juxtaposés. Par une fenêtre, Constance regarde dans une cour intérieure, envahie, comme le reste du château par des groupes de soldats et de gardes du corps, de suisses et autres militaires qui vont et viennent, l'arme à la main. La femme de chambre doit aller aux nouvelles, elle pousse d'Artagnan dans un cabinet retiré, demande au cadet aux gardes de n'en pas bouger, puis se rend chez la reine.

Demeuré seul, le jeune Gascon écoute les mille bruits dont retentit le palais des rois de France, craquements, grincements, bruits de serrure et chuchotements. Un lieu de débauches et d'intrigues, Sodome et Gomorrhe, que la colère du Ciel réduise cet endroit en poussière, pense le Gascon. Le temps passe, et si Constance Bonacieux le trahissait ? Si la reine Anne avait décidé de se séparer du témoin gênant de son inconduite ? Le jeune homme tente d'ouvrir la porte. Fermée à clef. Pas de fenêtre. Des murs épais et contre lesquels il est inutile de frapper, car nul n'entendra rien. Oui, c'est cela, le cadet aux gardes a tout compris, la reine de France s'est réconciliée avec son époux, et peu lui chaut à présent de retrouver ses ferrets. Le cadet aux gardes va mourir dans ce cabinet obscur, lui, le misérable Gascon sans fortune, tandis que, tout autour de lui, la vie de débauche des puissants et des grands de ce monde va reprendre son tourbillon de plaisirs frelatés et de vices assouvis sans aucune retenue. La reine va se donner à de nouveaux amants et Milady de Winter, la catin à la peau marquée au fer, continuer à servir sa maîtresse. La mort n'effraie pas d'Artagnan. Puisque le monde est ainsi fait, il lui importe peu de le quitter dès à présent. De plus, le cadet aux gardes possède encore son épée. Pour s'épargner les affres de l'agonie, il lui suffira de se passer la lame au travers du corps. Le soldat n'éprouve qu'un seul regret : ne pouvoir, avant de mourir, réduire les ferrets en poussière. Seulement voilà, les diamants sont éternels.

Soudain, la porte s'ouvre, c'est Constance. La femme de chambre demande au cadet aux gardes de lui pardonner son retard, mais il ne lui a pas été facile de pouvoir s'entretenir seule à seule avec la reine, étant donné l'agitation qui règne dans le palais.

– Et quelle est la cause de tout ce vacarme ? demande le cadet aux gardes.

– Le cardinal vient d'ordonner que tout le palais soit fouillé, explique Constance Bonacieux, on prétend que des fanatiques huguenots qui ont formé le plan d'assassiner le roi se sont introduits cette nuit dans le Louvre.

Pour d'Artagnan, la chose est claire. Le prélat est sans doute à l'origine de cette rumeur, probablement dénuée de tout fondement. Parce que ses espions lui ont dit que d'Artagnan était revenu à Paris, Richelieu a, fort justement, supposé que le cadet aux gardes chercherait à approcher la reine, et a mis ce plan au point afin de pouvoir l'occire à l'occasion du tumulte ainsi créé.

Il n'y a, déclare Constance, pas un instant à perdre, vite, le mousquetaire doit au plus vite gagner les appartements de la reine où le cardinal ne pourra rien contre lui. Tant qu'il n'a pu prouver la faute de la souveraine, les appartements d'Anne d'Autriche lui sont interdits, ainsi qu'à ses hommes.

Tout à coup, Constance fait signe à d'Artagnan de se taire, puis elle s'élance dans le corridor. D'Artagnan la suit de près. Dans le dédale du Vieux Louvre, retentissent, au gré des corridors et des escaliers que croisent le Gascon et son guide, bruits de bottes, bruits d'armes et bruits de la troupe qui se répand dans le château.

– Vite, dépêchez-vous !

Un ultime couloir, et Constance toque à une porte, toute petite, si étroite qu'il faut la passer de profil. D'Artagnan est devant la reine de France et de Navarre. La souveraine est au milieu de ses femmes, parmi lesquelles se trouvent sa grande amie, Mme de Chevreuse, et Milady de Winter.

Lorsqu'elle a profusément remercié le cadet aux gardes, la reine se tourne vers Milady de Winter que d'Artagnan n'a osé regarder depuis son entrée dans le cabinet de la souveraine.

– Quant à vous, baronne de Scheffield, je ne sais si je dois vous remercier d'avoir concouru au succès de cette entreprise, ajoute la reine en souriant. La tache de naissance qui orne votre épaule ne vous destinait-elle pas au service de ma personne ?

D'Artagnan ne comprend plus. Ainsi donc, la fleur de lys qu'il a aperçue ce matin même sur la peau, mise à nue, de Milady de Winter, loin d'avoir été apposée par la main du bourreau, n'est autre que la marque d'un destin qui, par ailleurs, se joue depuis ce matin du cadet aux gardes.

Les dames d'honneur de la reine s'empressent de ranger les ferrets dans le serre-bijoux incrusté de nacre qui se trouve près du lit de la souveraine. D'Artagnan est tout à fait décontenancé. Ainsi donc, Milady de Winter est ce qu'elle paraît être : une personne de qualité et de haute naissance, qui a mis son dévouement et ses talents au service de sa maîtresse. Et cette dernière, qui s'est un instant abandonnée dans les bras d'un favori qui est heureusement parvenu à lui faire oublier la froideur d'un époux morne et sans charme, ou qui, après tout, n'est guère amateur de femmes, est la plus belle et la meilleure des souveraines.

Le cadet aux gardes, au milieu de toutes ces dames aux manières raffinées, aux côtés de cette reine dont la beauté est d'autant plus rayonnante qu'elle vient d'échapper à une affreuse machination, se sent coupable. C'est lui qui, du fait de sa seule imagination et de ses noires pensées, est source de vilenie et de bassesse. Certes, personne, hormis Athos, peut-être, ne peut soupçonner quelles ont été les sombres idées du cadet aux gardes, mais ce dernier ne s'en estime pas moins coupable, devant tant de grâces et de bontés déployées.

Soudain, Constance Bonacieux, que la reine a chargée de veiller à la porte de ses appartements, vient donner l'alerte. Le roi s'en vient par ici. D'un geste, Anne d'Autriche désigne à d'Artagnan le chemin de sa retraite.

– Par ici, monsieur, ce passage est sûr. Au bas de l'escalier, un page qui m'est entièrement dévoué vous fera sortir du palais. Je ne peux, aujourd'hui, vous témoigner l'étendue de ma reconnaissance. Mais la reine de France n'est pas une ingrate. Je vous promets de m'occuper personnellement de votre avancement. Je sais tout. Allez !

Une nouvelle fois, d'Artagnan se retrouve, seul, dans un des couloirs obscurs du Louvre. Tout est allé trop vite, pour le cadet aux gardes. Il y a quelques semaines, quelques jours encore, le jeune Gascon aurait été bien aise d'entendre la reine de

France lui promettre de s'intéresser à son avenir, mais une seule pensée habite à présent l'esprit du jeune homme : maintenant que sa mission est achevée, que la reine de France est rentrée en possession de ses joyaux, le cadet aux gardes va-t-il revoir la belle Milady de Winter ? Oui, c'est avec une femme profondément éprise de sa personne, la plus belle et la plus généreuse de toutes, que le cadet de Gascogne a passé, il en est certain, les deux dernières nuits. A regret, presque à tâtons, car ce corridor pratiqué dans l'épaisseur d'une muraille médiévale, n'est que chichement éclairé par de rares flambeaux, d'Artagnan s'éloigne du somptueux appartement où est restée la belle Milady de Winter.

Le cadet aux gardes ne peut se résoudre à regagner son domicile, dans la maison des Bonacieux, et il ne veut pas davantage aller retrouver ses amis les mousquetaires à l'hôtel de M. de Tréville, alors, il décide de marcher, seul, de se promener dans les rues de la capitale. Sur le Pont-Neuf, d'Artagnan s'amuse à regarder les bateleurs et à écouter les conteurs, mais, en lieu et place des filles de peu qui dansent au son de leur tambourin, des sultanes de pacotille qui proposent aux badauds de prédire leur destinée selon les lignes de leur main, d'Artagnan ne voit qu'une seule et même femme, Milady de Winter, celle qu'il a suspectée, à tort, d'être semblable à ces filles qui tentent d'attirer dans leur soupente les bourgeois en goguette. Quellc folie, oui, quel autre nom donner à cette déformation de l'esprit qui a ainsi aveuglé le cadet aux gardes et brouillé son entendement ? A présent, et après avoir conçu ces impardonnables soupçons, quand bien même l'Anglaise daignerait se souvenir de lui et lui mander de revenir au Louvre, le jeune soldat ne répondrait pas à cette invitation. Il sait qu'il ne mérite en aucune façon l'intérêt que lui porte cette noble dame, lui qui a osé la mettre plus bas que terre, non, plus jamais il ne pourra la voir sans rougir aussitôt. Plus jamais, d'Artagnan ne reverra la baronne de Scheffield, lui, le jeune rustaud de Gascogne, est indigne des belles dames qui forment la société de la reine de France.

D'Artagnan laisse son cheval le guider jusque vers les faubourgs de la ville, là où des tavernes bruyantes servent une piquette aigrelette et peu coûteuse à des gens peu recommandables. Le cadet aux gardes veut boire, encore. Il ne sera jamais mousquetaire, car il va reprendre le chemin de la Gascogne dès demain matin, sans prendre congé de M. de Tréville et de ses amis Athos, Aramis et Porthos, sans attendre qu'un hypothétique message de Milady de Winter lui parvienne, ni que la reine ait eu le temps de lui manifester sa reconnaissance. Nul n'entendra plus jamais parler de lui, et le nom, le sien, celui de sa famille, qu'il se proposait, il y a deux jours à peine, de rendre illustre et glorieux, demeurera à jamais inconnu. D'Artagnan veut une autre cruche de vin, que le cabaretier se dépêche, ou le militaire va se charger de lui chauffer les oreilles, allons !

Le Gascon est tout à fait ivre, à présent, tellement saoul qu'il en oublie toute prudence et commence à parler, d'une voix très sonore et sans précaution aucune, de la reine de France et de ses ferrets, de Buckingham et des pensionnaires du Singe Rouge, des cuisses de Constance Bonacieux et de l'épaule de Milady de Winter. Bien entendu, pas un des clients de l'estaminet obscur n'accorde la moindre attention aux propos d'un provincial aviné. Sauf un homme qui, caché dans un recoin, suit avec intérêt les paroles du cadet aux gardes, un homme qui sait que le militaire, lorsqu'il parle des bijoux de la reine de France, ne fait que dire l'exacte vérité, un homme qui, lorsqu'il estime en savoir assez, se dépêche de s'acquitter de son dû et gagne sans attendre le palais de Richelieu pour rendre compte à son maître le cardinal de ce qu'il vient d'apprendre très opportunément.

Mais d'Artagnan a toujours soif. Un pichet. Un autre. Qu'est-ce que cette auberge où l'on pleure le vin ? D'Artagnan boit encore, renifle, éructe, boit de nouveau, s'effondre sur les tréteaux auxquels il est attablé, parvient à se redresser, porte une dernière fois le gobelet à ses lèvres. Une soudaine nausée saisit le cadet aux gardes qui veut se lever, gagner le caniveau. Mais la tête lui tourne, les jambes lui manquent et d'Artagnan s'écroule en maugréant. D'un coup d'œil, le cabaretier juge qu'il est inutile d'essayer de réveiller l'ivrogne puis, parce qu'il n'est pas un méchant homme, et qu'il répugne à jeter le cadet aux gardes dehors, il demande à ses commis de traîner d'Artagnan dans un recoin de la grange voisine, là, sur un tas de foin, celui qui a sauvé l'honneur de la reine de France et défié les ordres du roi Louis XIII, celui à qui le duc de Buckingham a offert l'hospitalité, dans son palais de Londres, et dont la plus belle des Anglaises a fait son amant par deux fois, vomit dans son sommeil et s'agite dans tous les sens, en proie aux cauchemars que suscitent l'ivresse et la fatigue.

Le lendemain matin, au chant du coq, le cadet aux gardes, sans être tout à fait sorti de son sommeil éthylique, commence à s'éveiller. Quelle est donc cette douleur qui lui serre la tête comme un étau ? Les paupières toujours closes, l'esprit encore engourdi, le cadet aux gardes se souvient confusément du pichet de vin qu'il n'a cessé de vider, hier soir, et de vider encore. Le cadet aux gardes ouvre enfin les yeux. D'Artagnan est nu, comme un nouveau-né, car, profitant de son sommeil, des malandrins ont dû le dépouiller de ses habits et ont emporté jusqu'à ses bottes, explique-t-il à la fille de l'aubergiste venue chercher de l'herbe pour ses lapins. Mais l'adolescente n'écoute pas, toute à la pensée de tirer le meilleur parti d'une situation qui ne se reproduira peut-être pas d'aussitôt et, en tout cas, sans doute pas aujourd'hui.

Peu après, et grâce aux habits que la fille de l'aubergiste, très reconnaissante, lui a procurés, d'Artagnan, dont le cheval a également été dérobé, rejoint à pied la maison des Bonacieux. Tandis que son époux vaque à ses affaires, Constance attend avec impatience, parce qu'elle regrette de s'être montrée si froide et distante lors de leur dernière entrevue, le retour du cadet aux gardes. Dégrisé par sa longue marche à pied dans les rues de Paris, ce dernier comprend aussitôt qu'un événement grave s'est produit. Parce qu'elle ne veut surtout pas savoir où d'Artagnan a passé la nuit et parce qu'elle imagine le pire, c'est-à-dire, à peu de choses près, ce qui s'est passé dans l'auberge, – la fidèle Constance Bonacieux ne sait que trop bien où ont l'habitude de se rendre les soldats du roi – la jeune femme, sans plus attendre, met d'Artagnan au courant des derniers événements.

Lorsque le roi est venu rendre visite à la reine, celle-ci lui a offert une collation dans sa grande antichambre, en s'efforçant de ne rien laisser paraître de la joie qu'elle éprouvait à la pensée d'avoir recouvré ses ferrets. La souveraine était d'autant plus à l'aise qu'elle connaît le roi et ce que chacun de ses mots veut dire. A n'en pas douter, Louis XIII, dont quelqu'un, le cardinal sans doute, s'était chargé d'attiser les soupçons, ne cessait de regarder autour de lui et d'observer la reine par en dessous, et cette dernière aurait perdu sa belle contenance si elle avait alors su ce qui était en train de se passer dans la pièce voisine. Constance Bonacieux, très affectée, marque une pause, s'assied et reprend son récit après avoir bu un grand verre d'eau fraîche : Parvenant à déjouer la surveillance des gardes chargés de veiller à la porte des appartements de la reine, un homme a réussi à pénétrer jusque dans la chambre de la princesse où se trouvait alors la seule Milady de Winter. Sous la menace de son arme, il a obligé la confidente de la reine à s'écarter du meuble où venaient d'être rangés les ferrets dont il s'est emparé aussitôt. La baronne a bien tenté de faire front, mais l'homme l'a violemment jetée à terre et a menacé de mort sa victime à demi étourdie.

– Mais personne n'a donc rien entendu ?

Non. Le roi et la reine étaient allés, après la collation, rendre visite à la reine mère, accompagnés de leur maison respective. De surcroît, les murailles du Louvre sont si épaisses qu'elles ne laissent passer ni les cris ni le cliquetis des armes. Mais deux valets ont découvert le cadavre de l'un de leurs camarades égorgé derrière une porte, la croix tracée sur le front, et ont aussitôt donné l'alerte. Les gardes accourus ont juste eu le temps d'apercevoir l'assassin présumé s'enfuir par un escalier dérobé, et ils ont vite perdu sa trace dans le palais, qui est un véritable labyrinthe. Au demeurant, la reine n'a aucun doute sur l'endroit où le voleur s'est rendu sitôt son forfait accompli : chez le cardinal de Richelieu.

D'Artagnan frémit. Tout ceci pour rien. Tant d'efforts, de morts, de dangers bravés ou vaincus pour en revenir au point de départ, non, la situation n'a jamais été aussi désespérée. Lorsque le cadet aux gardes a quitté Paris pour se rendre en Angleterre, au moins l'espoir existait-il de ramener les ferrets à la reine. A présent que le plus cruel ennemi de la souveraine est en possession des douze joyaux, en sûreté au milieu de ses gardes, qui donc, hormis un magicien, pourrait venir à bout des méchants ?

– Et pourtant, reprend Constance Bonacieux, qui lit dans les pensées du jeune homme, la reine vous conjure, d'Artagnan, de tenter, une nouvelle fois, l'impossible.

Le cadet réfléchit un court instant. Qu'a-t-il à perdre ? Rien. Qu'a-t-il à gagner ? Tout. S'il échoue et ne rapporte pas les ferrets à la reine ou, même, s'il est tué par les gardes du cardinal, d'Artagnan n'aura fait qu'abréger une vie qui s'annonce, si la souveraine ne recouvre pas ses bijoux, sans éclat et sans joie. S'il réussit, au contraire, alors, plus rien ne l'empêchera de jouir d'une gloire sans tâche, et de reconquérir sans doute le cœur de Milady de Winter. Alors, le jeune Gascon dit oui.

Oui, Athos, Aramis et Porthos vont prêter main-forte au cadet aux gardes. Aucun des trois mousquetaires ne peut envisager que, dans le royaume de France, une reine soit humiliée, pas un des militaires ne peut accepter que le dernier mot revienne à un prêtre qui, profitant de la trop grande bonté d'un roi naïf et dénué d'une réelle volonté, s'est emparé du pouvoir. Il est, de plus, impensable de laisser Rochefort, car c'est lui, à n'en pas douter, qui est parvenu à s'introduire dans l'appartement de la reine, savourer son succès et de ne pas lui faire chèrement payer les meurtres qu'il a commis.

Que faire ? Foncer, tête baissée, dans le tas, occire le plus grand nombre possible de gardes et s'emparer des ferrets avant que les soldats du cardinal aient pu réagir, propose Porthos qui ajoute être prêt à faire le don de sa personne s'il s'agit de sauver la reine. Mais ses trois amis lui font remarquer que cette proposition, qui ne constitue pas une réelle stratégie, est vouée à l'échec, quelle que soit la bravoure du mousquetaire, dont personne ne doute, eu égard aux innombrables gardes, militaires et autres hommes d'armes qui gardent le palais. Soudoyer les gardes et les sbires de Richelieu, se demande Aramis. Mais avec quel argent ? rétorque Athos. D'Artagnan ne sait que dire à sa mère qui le tance très durement, ni à son frère, Pierre, qui se moque et savoure sa vengeance... Qu'ils s'en aillent, ces deux spectres !

Tout à coup, la porte s'ouvre. Une troupe d'hommes en armes s'engouffre dans la chambre où se tiennent les quatre amis, ce sont les soldats du cardinal. Tout est perdu.

Devant le cadet aux gardes, se tient, imposant et majestueux, l'inflexible Jean-Armand du Plessis, cardinal de Richelieu, le véritable maître de la France, revêtu de pourpre. D'Artagnan sait qu'il est perdu, car si le prélat ne le fait pas trucider par ses gardes, le mousquetaire va prendre, sous bonne escorte, le chemin de la Bastille dont ne sortira que sa seule dépouille, jamais plus le soldat ne reverra la belle Milady de Winter. Car, devant le Gascon, se tient le malheur, la mort, la fin du monde.

Un instant, et parce qu'il ne craint pas de braver la colère du cardinal, que lui reste-t-il à perdre ? d'Artagnan scrute le visage du prêtre. Tout, chez Richelieu, exprime une force implacable, une volonté de fer.

D'un geste, le cardinal congédie les personnes présentes, puis il s'approche d'un coffre où repose une forme recouverte d'un drap noir. Richelieu fait signe à d'Artagnan de s'approcher et, doucement, le cardinal soulève le tissu. D'Artagnan s'avance encore. Un cadavre, Rochefort. Un frisson d'horreur et de glace parcourt le cadet aux gardes, Richelieu a fait assassiner son plus fidèle capitaine. Mais pourquoi ?

– Monsieur d'Artagnan, je sais qui vous êtes et

d'où vous venez. J'ai par ailleurs été parfaitement informé de vos exploits, ici et en Angleterre.

Est-ce pour se moquer que Richelieu a fait venir ici le cadet aux gardes ? se demande ce dernier, sans parvenir à détourner son regard de l'homme qui l'a combattu dans l'ombre et a manqué le tuer à maintes reprises. Sans doute Rochefort a-t-il estimé, dans un sursaut de clairvoyance, voire d'humanité, à un moment, qu'un terme devait être mis à la haine de son maître. S'est-il rebellé, a-t-il seulement voulu manifester son désaccord avec un nouvel ordre du cardinal ? Toujours est-il que Richelieu a fait tuer Rochefort, ou pire, frémit d'Artagnan, peut-être est-ce le prêtre lui-même qui a assassiné son serviteur. Mais le cadet aux gardes, soudain, aperçoit la marque qui barre le front de Rochefort. La croix.

D'Artagnan titube. Impossible, il devient fou, sa raison s'égare, ou Dieu se joue de lui. A moins que ce prêtre, au cours de quelque messe noire, n'ait réussi à pactiser avec les puissances infernales... Comment Rochefort a-t-il pu, avant de mourir, s'infliger la blessure dont il a jusqu'à maintenant signé ses forfaits ? D'Artagnan regarde le cardinal, Richelieu a gagné, rien ne s'oppose plus désormais au rayonnement de sa puissance, mais, de grâce, que le cardinal parle, qu'il explique au Gascon les raisons, le pourquoi de cet affreux mystère. Le cardinal bénit le cadavre et replace le drap avant de se retourner vers le cadet.

– Asseyez-vous, je vous prie, monsieur d'Artagnan. Désormais, vous devrez compter sur vos seules ressources, et ce pauvre Rochefort ne sera plus là pour vous venir en aide.

Ces mots ne font qu'accroître le désarroi du Gascon, ce dont s'aperçoit parfaitement le cardinal qui s'approche de lui et explique.

Comme tous les hommes du royaume, sauf, peut-être, Sa Majesté le roi, le cardinal est tombé amoureux de la plus belle des souveraines, la reine Anne d'Autriche. Le cadet aux gardes ne peut refréner un mouvement de surprise, le cardinal esquisse un faible, très faible sourire, qui s'évanouit lorsque les yeux du prélat rencontrent le coffre où repose le corps de Rochefort. Allons, que le cadet aux gardes laisse là toute naïveté, car il y a bien longtemps que les hommes d'Eglise ne suivent plus les préceptes de la religion, oui, que d'Artagnan veuille bien lui faire l'amabilité de le croire, le cardinal de Richelieu aime en secret, depuis le premier jour, la reine de France et de Navarre.

– En fait, le secret est partagé par quelques personnes, dont la reine elle-même, souffle le cardinal. Mais je vous prie instamment de ne jamais répéter ce qui vous est ainsi révélé. Vous êtes gentilhomme, monsieur ? Je peux donc compter sur votre parole, n'est-ce pas ?

– Votre Eminence !

La reine, reprend Richelieu, qui s'est toujours moquée de cet amour et en a toujours dédaigné les hommages sincères, la reine, qui a toujours repoussé les ardeurs du cardinal, explique ce dernier qui conjure d'Artagnan de ne pas penser un seul instant que cette froideur est cause d'un quelconque ressentiment. Non, que le cadet aux gardes se rende compte que le prélat lui ouvre son cœur, si la reine n'a jamais voulu répondre aux attentions empressées du cardinal, celui-ci n'en a pas moins toujours voué à l'indifférente une passion pleine de révérence.

D'Artagnan demeure muet, immobile, tant est incroyable le récit que lui tient avec humilité et, sans doute, une franchise non feinte, Richelieu, le vrai maître de la France. Le cardinal explique qu'il s'efforce, depuis l'ultime tête à tête dont il est sorti humilié, de défendre la reine contre elle-même et contre les mauvais conseillers qui lui prodiguent, par un souci de basse flatterie, de funestes avis. Et il n'est guère facile, assure Richelieu, de protéger une souveraine qui conspire avec l'étranger.

– Non, s'écrie d'Artagnan. Votre Eminence entend se moquer !

Le cadet aux gardes se lève d'un bond. Que cela cesse ! Pourquoi le cardinal lui sert-il ce récit empli de mensonges et de fables ? Que Richelieu en finisse et le tue sans attendre, au lieu de le torturer en essayant de faire chavirer son esprit dans la démence !

– Je vous en prie, monsieur d'Artagnan. Vous devez me croire, il en va du salut de la reine, laissez-moi achever cette confession, quoi qu'il m'en coûte de m'y livrer.

Le cardinal a parlé avec une telle sincérité que le cadet aux gardes se calme.

Que le Gascon impétueux comprenne, Richelieu pense que lui seul, à présent que Rochefort a été assassiné, est en mesure de sauver la reine, de les sauver tous, notamment la reine de France et de Navarre, en d'autres termes, de retrouver les ferrets.

– Enfin, n'est-ce pas vous, Votre Eminence, qui avez persuadé le roi de demander à son épouse de porter ses ferrets au bal de la Merlaison, et n'est-ce pas vous qui vous êtes emparé des bijoux de la reine que j'étais parvenu à rapporter d'Angleterre ?

Non, que le cadet aux gardes soit sur l'heure détrompé, non pour ce qui concerne sa première supposition, et non pour ce qui concerne la seconde.

A un d'Artagnan abasourdi, Richelieu explique qu'il ignore qui a soufflé au roi cette histoire de ferrets, il prie le cadet de croire en son innocence. En fait, le cardinal suppose, mais malgré tous ses espions, il n'est pas encore parvenu à découvrir la vérité, que ce même conseiller n'est autre que celui qui s'est emparé des ferrets.

– Ah Votre Eminence ! Pourquoi vous moquez-vous ainsi de moi ?

– Oui, pourquoi me moquerais-je ainsi de vous, monsieur le cadet aux gardes ? Vous voyez bien que le récit que je vous fais est celui d'un honnête homme. Depuis que le roi m'a parlé du bal de la Merlaison et de son désir que la reine y soit parée des douze ferrets, je n'ai pas été long à apprendre et comprendre que ma souveraine s'était, une nouvelle fois, montrée imprudente. Dans l'ombre, et pour la sauver et vous sauver, j'ai envoyé Rochefort sur vos traces, avec pour mission de toujours vous assister. Ce que le malheureux est parvenu à faire à plusieurs reprises, je crois. Car je sais tout, monsieur, de ce qui s'est passé à Londres et notamment dans le palais du duc de Buckingham, oui, monsieur d'Artagnan, Rochefort vous a prêté main-forte, à plusieurs reprises, et sans que vous vous en doutiez, avec l'aide de notre ambassadeur, le propre frère, comme vous le savez, de M. de Tréville. Et c'est également lui qui a tenté, en vain, de s'opposer à l'homme qui s'est emparé des ferrets que la reine avait rangés dans son serre-bijoux après que vous les eûtes rapportés de Londres, au péril de votre vie et de celle de tous ceux qui ont contribué au succès de votre entreprise.

Peu à peu, le récit du cardinal se fraye un chemin jusqu'à l'esprit de d'Artagnan. Parmi toutes les qualités qui en font un homme exceptionnel, Richelieu est doté d'une grande intuition, et lit sur le visage de son interlocuteur que ce dernier commence, pour le moins, à prendre en considération, et plus encore, l'exposé qui lui est fait.

– Mais, que Votre Eminence comprenne l'émoi qui est le mien.

– Je le mesure, monsieur, soyez-en certain, tout comme je pèse l'étendue de mon impuissance.

– Ah, monseigneur, je suis désolé ! s'exclame d'Artagnan.

Le cadet aux gardes est tout a fait consterné d'apprendre ainsi quelle est l'infortune qui touche le prélat au plus profond de sa nature d'homme, et est tout à fait étonné que ce dernier lui fasse une telle confidence.

– Allons, il n'est pas question de cela, je parle bien de ma faiblesse, monsieur d'Artagnan, puisque moi, le cardinal de Richelieu, je ne suis pas en mesure de dire auprès de qui le roi mon maître prend les conseils que je ne lui donne pas, pas plus que je ne connais l'identité du redoutable bretteur qui a réussi à venir à bout du meilleur des escrimeurs, cela soit dit sans vous offenser, c'est-à-dire de Rochefort, la meilleure lame du royaume.

Le cardinal se lève et va, tout doucement, caresser la tête d'un petit chien, tapi dans un panier, dont d'Artagnan n'a jusqu'à maintenant pas deviné la présence dans la pièce et alors, sans qu'il sache bien pourquoi, le cadet aux gardes sait que le ministre a dit la vérité.

Un gouffre sans fond s'ouvre sous les pieds du Gascon, un abîme recelant toutes les illusions qui ont été jusqu'à présent celles du cadet aux gardes et toute la terreur qu'il éprouve face à la terrible menace qui rôde dans cette chambre du vieux Louvre.

– Mais qui ? demande d'Artagnan, qui est assez fort, ou assez fou, pour se dresser contre Votre Eminence ?

– Je ne sais, répond Richelieu. Monsieur, le frère du roi, dont je ne cesse, depuis que Sa Majesté m'a confié les affaires du royaume, de vouloir rogner les pouvoirs et les convoitises. Mais je dois cependant dire que je n'y crois guère, car, jusqu'à présent, et quoique le duc d'Anjou soit un intrigant assoiffé de puissance, son courage n'a pas été à la hauteur de son ambition.

– Mais pourquoi le duc d'Anjou chercherait-il ainsi à susciter la perte de la reine ? Tant que celle-ci n'a pas donné un dauphin au royaume, c'est lui l'héritier présomptif du Trône, et le frère de Louis XIII aurait tout à craindre d'un éventuel remariage du roi, susceptible d'être suivi de la naissance d'un fils, voire de plusieurs.

– Je vois, monsieur le cadet aux gardes, que vous êtes un fin politique. En effet, je ne crois pas non plus que le frère du roi soit derrière tout cela, à moins que quelque chose ne nous échappe, à vous comme à moi, les menées du duc d'Anjou sont parfois si tortueuses... Mais j'ai par ailleurs pensé à l'un des chefs du parti protestant, car vous savez que ces fanatiques sont prêts à tout pour susciter des troubles dans le royaume afin de pouvoir mieux armer leurs places fortes. Je ne vois cependant aucun d'entre eux disposer d'une assez grande influence auprès de Sa Majesté pour ce qui concerne la reine et ses ferrets.

Non, le cardinal de Richelieu a beau réfléchir et énumérer, à l'attention de d'Artagnan ou pour lui-même, les différentes hypothèses envisageables, aucune ne lui paraît satisfaisante.

Le cardinal de Richelieu invite le cadet aux gardes à le suivre dans la pièce voisine. Malgré son courage, et bien qu'il possède une âme bien trempée, d'Artagnan n'est pas mécontent de quitter le salon où repose feu le comte de Rochefort car, pendant tout le temps qu'a duré son entretien, si inattendu, si singulier, avec le cardinal, le cadet aux gardes n'a cessé de craindre un piège, de guetter le frémissement, le plus léger tressaillement lui permettant de prévenir l'attaque de Rochefort qui aurait très bien pu, après tout, contrefaire le mort.

Porthos est certes très dévoué et prêt à mettre une nouvelle fois son épée au service de la reine et du cadet aux gardes, mais il est par trop brutal et manque singulièrement de finesse. Aramis a une nouvelle fois disparu, sans doute en compagnie de quelque bouquetière des halles. Et, parce qu'il sait qu'Athos est le plus cultivé et possède l'esprit le plus avisé de tous ses amis mousquetaires, d'Artagnan décide de se confier à lui, hormis pour ce qui regarde Milady de Winter, et de lui restituer les propos du cardinal.

Le premier mouvement d'Athos est de penser que le Gascon a perdu la tramontane, mais ce dernier sort de sa poche le sauf-conduit, signé de la main même du cardinal, qui lui permet de se rendre à sa guise en tout lieu qu'il lui plaira de visiter dans le cadre de sa quête. Alors, à l'image de d'Artagnan, Athos se persuade que Richelieu a dit la vérité. Chaque heure, chaque minute compte désormais, et, déjà, les tapissiers installent les estrades et les banquettes du bal de la Merlaison pour permettre aux dames de la cour de ne rien perdre des festivités offertes par les échevins de la Ville, et d'avoir l'opportunité de montrer, de la meilleure manière, leurs riches toilettes.

Alors, Athos réfléchit, intensément. D'autant que sa haute et illustre naissance lui confère l'espoir de pouvoir nouer une idylle avec Mme de Chevreuse, la confidente de la reine. Et si cette dernière est envoyée dans un couvent pour le reste de ses jours, il est fort probable que ses amies connaîtront, jusqu'à leur mort ou celle du roi, l'exil dans un lointain château en tant que complices de leur maîtresse.

Oui, ne serait-ce que pour Mme de Chevreuse, Athos doit sauver la reine.

– Le roi.

– Le roi ?

Oui, le roi, explique Athos. Certes, Louis XIII ne se montre guère empressé à l'endroit de son épouse qui, au bout de dix années de mariage, n'a toujours pas donné à la France un héritier au trône. Mais Louis, parce qu'il est le fils d'Henri IV et se souvient qu'il est le monarque du plus beau royaume, n'entend laisser à nul autre le soin de se substituer à lui. En dépit des apparences, le roi est parfaitement, et peut-être mieux que le cardinal, malgré ce qu'on raconte à la cour, informé de tout ce qui se passe en son royaume, et notamment dans les appartements de la reine. Louis XIII n'ignore sans doute rien de ce qui s'est passé entre le duc de Buckingham et la princesse. Mais, même le roi de France et de Navarre, descendant de Saint Louis, ne peut jeter l'opprobre sur son épouse, fille et sœur de roi, sans apporter la preuve irréfutable de sa trahison.

– Poursuis ton récit, je t'en prie, presse d'Artagnan, qui entrevoit la vérité.

Selon le mousquetaire, dès que ses espions lui rapportent que le favori du roi d'Angleterre, pour preuve de la passion qu'il inspire, est reparti en possession des douze ferrets de la reine, le monarque comprend qu'il tient là le motif lui permettant de châtier son épouse comme elle le mérite. Lui seul a eu l'idée de ce bal, et lui seul a décidé que la reine devait y arborer ses joyaux, sans que nul conseiller n'ait eu besoin de lui souffler cet affreux stratagème, de lui suggérer de fabriquer ce piège terrible qui va se refermer sur la malheureuse souveraine. Il faut toujours se méfier de l'eau qui dort...

D'Artagnan déplie le message que vient de lui faire parvenir Milady de Winter.

– La reine est perdue, souffle le cadet aux gardes.

Il tend le papier à Athos. Le roi a ordonné à la

reine de ne pas sortir de ses appartements du Louvre. Ni la souveraine, ni aucune des personnes composant sa maison ne doivent quitter le château. Ce qui veut dire deux choses, pense le mousquetaire. Tout d'abord, le roi sait que la reine conspire et veut ainsi l'isoler, la retrancher du monde, jusqu'à la réception offerte par les échevins de Paris, des conseils de ses conseillers et serviteurs, peut-être pour la mieux faire souffrir, pour mieux lui faire entrevoir quels seront sa solitude et son isolement lorsqu'elle sera recluse. Le roi Louis XIII est fils d'Henri IV, le Vert Galant, le souverain aux innombrables maîtresses, et s'en souvient. Pour ne pas s'être montré empressé auprès de son épouse, le monarque n'entend pas pour autant laisser à autrui le soin de s'intéresser à la reine.

L'esprit du cadet aux gardes court à grandes enjambées, de la Gascogne à Paris, du palais du Louvre à la demeure seigneuriale de Buckingham. Et devant le jeune homme passent des visages, Constance Bonacieux, pataude et ne sachant guère mieux s'y prendre avec les hommes que le Gascon avec les femmes, mais finalement dévouée, n'est-ce pas là l'essentiel, dont d'Artagnan s'est cru amoureux, mais si peu de temps, et la reine, émouvante et déjà condamnée, seule et abandonnée, et Milady de Winter, celle sans qui le cadet aux gardes ne peut désormais plus vivre, et le roi, que le cadet aux gardes n'a fait qu'apercevoir, un jour, à l'autre bout d'une cour du Louvre et qui a sans doute juré d'emprisonner le Gascon, de le faire mourir de faim et de froid sur la paille humide d'un cachot, et les mousquetaires, ses amis, et M. de Tréville, qui, sans doute, parce qu'il est Gascon et a été, autrefois, le voisin du père de d'Artagnan, devra annoncer la disgrâce, la mort programmée du jeune homme.

– Tréville ! s'exclame d'Artagnan. C'est lui ! Ah ! Le traître, l'infâme !

Athos ne comprend pas. Tréville ?

Oui, Tréville, le démon, s'écrie d'Artagnan. Tout est clair, maintenant. Aveuglé par la splendeur de la vérité, le cadet aux gardes trépigne d'exaltation. Plus aucun mystère ne demeure. Tréville, lui seul est responsable de tout, Tréville, tout dévoué à son seigneur et maître, le roi, depuis que l'un et l'autre jouaient ensemble, jadis, ainsi que l'a raconté à son fils M. d'Artagnan père, Tréville qui n'a pu cacher à Louis XIII, le roi son maître, la mauvaise fortune qui est la sienne.

Le jeune Gascon se remémore chacune des paroles, chacune des expressions qui ont été celles de M. de Tréville quand il est allé le trouver dans son hôtel, la veille de son départ pour Londres. Certes, le capitaine des mousquetaires n'a pas voulu que le cadet aux gardes lui révèle l'essence exacte de la mission confiée par la reine, et il a même exhorté d'Artagnan à conserver son secret sous prétexte que la reine ne lui avait pas donné l'autorisation de le lui confier. Le traître habile ! Pour un vieux renard tel que le capitaine des mousquetaires, il n'était pas bien difficile de deviner la nature, voire le moindre des aspects du mandat du Gascon, car après le cardinal, le vieillard est sans doute, à la cour de France, une des personnes les mieux informées de tout ce qui s'y passe. Comment d'Artagnan a-t-il pu un seul instant penser que M. de Tréville ignorait l'aventure des ferrets ? Le capitaine des mousquetaires s'est bien moqué de lui, en le pressant de ne pas aller plus loin dans l'explication de ce soudain voyage en Angleterre, lui qui savait déjà et avait sans doute même dû, depuis plusieurs heures, donner des ordres pour que le cadet aux gardes soit épié et suivi dès son départ de Paris. Et n'est-ce pas, même, M. de Tréville qui a soufflé au roi, son ami d'enfance, l'idée du bal de la Merlaison et des ferrets ? Le vieux soldat, qui s'est si bien joué de l'inexpérience et de la naïveté du jeune homme ne pouvait, à cause d'une femme frivole, trahir son souverain. D'Artagnan s'emporte, il s'en veut tant de s'être permis de penser le contraire ! Un des plus fidèles serviteurs du roi, qui jouit, depuis toujours, des faveurs, de l'amitié de ce dernier aurait-il pu donner toute facilité à la reine pour échapper au piège où son inconduite sotte et son oubli de sa position l'a placée ?

– Parce que tu as prononcé, devant M. de Tréville, le nom de Sa Majesté la reine ? demande Athos, incrédule.

Oui, comment d'Artagnan aurait-il pu agir autrement. Bien entendu, à présent, il sait ce que valent la parole des grands et leurs promesses, pour avoir vu et su tant de choses, depuis si peu de jours, et avoir compris, certes trop tard, la duplicité de M. de Tréville.

Mais, il s'en fait le serment, d'Artagnan, instruit par cette expérience, ne se laissera plus payer de bons mots et bercer de paroles trompeuses, même s'il sait qu'il n'aura guère le temps de mettre à profit sa nouvelle connaissance des choses et des hommes, car il a défié le roi de France et ne va sans doute plus guère longtemps jouir de sa liberté, voire de la vie. Pourtant, le cadet aux gardes est intrigué, pourquoi le roi n'a-t-il pas déjà signé la lettre de cachet l'envoyant à la Bastille ?

Athos réfléchit, le roi veut sans doute que la forfaiture de son épouse soit révélée au grand jour avant de laisser libre cours à son courroux, et il ne peut, avant que celle-ci se soit montrée au bal de La Merlaison, dépourvue de ses douze ferrets, punir et son épouse et ses complices. Le roi d'Espagne, qui ne permettrait pas aujourd'hui qu'il soit porté atteinte à la position de sa sœur, ne saura protester lorsque le scandale aura éclaté. Louis pourra alors laisser sa vengeance s'abattre sur ceux qui n'ont pas hésité à jouer avec son honneur, et celui de la dynastie des Bourbon. Et puis, ajoute le mousquetaire, il ne déplaît pas nécessairement à Louis XIII de s'amuser à plonger ses ennemis dans la peur, le roi aime à laisser Richelieu exercer le pouvoir. Mais est-il si certain que le monarque ait ce faisant abdiqué sa vraie puissance ? La manière d'être du souverain, son apparent retrait des affaires du royaume ne sont-ils pas une manière de mieux gouverner que de laisser croire au prélat qu'il dirige la France, le roi n'est-il pas trop avisé pour laisser à son ministre davantage que les apparences d'un pouvoir qu'il exerce en fait dans toute sa plénitude ?

Le cadet aux gardes, songe Athos, n'est plus du tout le jeune homme inexpérimenté arrivé, il y a peu, de sa Gascogne natale. Son esprit ne demandait qu'à s'affûter, les événements extraordinaires que Charles de Batz-Castelmore a vécus en si peu de jours, les secrets, touchant à la sécurité des deux Etats, que lui ont confiés les plus grands personnages de France et d'Angleterre, son entrevue avec le cardinal de Richelieu et, surtout, la découverte de la vérité et du rôle réel de M. de Tréville.

Quant au Gascon, il se demande pourquoi il ne se trouve pas épouvanté à la pensée de devoir affronter le roi de France. Oui, pourquoi le Gascon ne renonce-t-il pas dès maintenant à sauver la reine et ne va-t-il pas se mettre au service des ennemis du roi de France, en Angleterre ou en Espagne ? Le respect de la parole donnée à la reine ? Certes non ! Le cadet aux gardes ne s'estime en aucune manière tenu de respecter la promesse faite à la traîtresse créature.

La force qui est celle du jeune homme, la sève qui irrigue son âme et lui confère tant d'ardeur, cette vigueur qu'il brûle de déployer à l'encontre du roi de France et de Navarre possède un nom : Milady de Winter. Seule une action d'éclat, une prouesse remarquable peut lui permettre de conserver l'intérêt que la baronne de Scheffield a bien voulu lui témoigner par deux fois, sur le sol d'Angleterre et sur le sol de France, dans un palais ducal et dans une modeste auberge.

Déjà, le cadet aux gardes s'enfuit, sur les routes du royaume, dans l'obscurité de la nuit, en compagnie de l'Anglaise. Parvenant à échapper, grâce à l'aide de Dieu, aux poursuivants lancés à leurs trousses par le roi de France, ivre de colère, les deux fugitifs réussissent à gagner les Pays-Bas espagnols. Là, ils peuvent s'embarquer et traverser la Manche pour enfin, se trouver à l'abri de la vengeance de Louis XIII. Et pour vivre ? A la fortune de la baronne, que d'Artagnan suppose confortable, ce dernier ajoute un appoint précieux : le cadet aux gardes vient de décider de détourner à son profit une paire des douze ferrets de la reine de France. A vrai dire, entre les bijoux dérobés, retrouvés, redonnés et reperdus, restitués et fabriqués à l'identique par les orfèvres du duc de Buckingham, ceux qu'il s'est de nouveau fait subtiliser avant de remettre la main dessus, le cadet aux gardes a perdu, depuis longtemps, le compte de ces joyaux. Mais qu'à cela ne tienne ! Ce serait bien le diable s'il ne parvient pas, sur les douze, quatorze, vingt, cent ferrets qui existent à présent ou ont existé, dans la réalité et dans les songes de chacun, il ne sait plus et s'en moque, que se disputent une armée d'espions, de sbires et de traîtres prêts à se vendre au plus offrant, ce serait bien le diable s'il ne parvient pas à en subtiliser une paire !. Il y a quelques jours, au sortir de son château natal, d'Artagnan n'imaginait pas un tel destin, il y a quelques jours, d'Artagnan ne connaissait pas Milady de Winter, baronne de Scheffield.

Le cadet aux gardes oublie où il se trouve, il ne voit plus Athos, il s'abandonne à ces visions délicieuses, lui et Milady de Winter, seuls, tout à la satisfaction de leurs sens et de leurs désirs sans cesse inassouvis et promptement assouvis. Soudain, un éclat de lumière vient attirer l'œil du Gascon, c'est la bague, passée à son doigt, que le cardinal de Richelieu lui a donnée afin de pouvoir, toujours, l'approcher. Seul Richelieu peut lui venir en aide, pour contrarier le pouvoir que M. de Tréville s'est employé à prendre sur le roi.

Depuis son départ de Gascogne, le cadet aux gardes en sait beaucoup sur la nature humaine, et, surtout, sur les méandres de l'âme des grands de ce monde. Les apparences sont trompeuses, mais le cadet aux gardes n'est guère surpris par la vérité qu'il découvre à présent. Il lui faut donc se défier de M. de Tréville, et, en revanche, chercher l'appui du cardinal qu'il croyait être son plus farouche ennemi. En s'efforçant de ne jamais heurter de front un roi, d'autant plus à craindre qu'il a juré, sans doute, la perte de son épouse.

Constance Bonacieux veut saisir la main de d'Artagnan, la femme de chambre est d'autant plus embarrassée qu'elle ne peut bien distinguer, dans la pénombre de ce corridor obscur, le visage du Gascon. Mais il y a du danger, à demeurer par ici. Pourquoi, se demande d'Artagnan, la femme de chambre lui a-t-elle donné rendez-vous dans cette partie du Louvre, où les murs ont sans doute des oreilles ? Le roi, peut-être, est déjà au courant de cette rencontre.

La servante veut s'approcher, de nouveau, du cadet aux gardes. D'Artagnan regarde Constance. Celle-ci lui fait pitié. La flamme du quinquet de cuivre palpite et s'étiole, il n'y a plus d'huile dans la lampe, bientôt, l'obscurité va régner dans ce couloir qui serpente entre les entresols des salons du nouveau Louvre.

– Milady de Winter...

Constance, soudain, se tait. Elle pousse un

étrange soupir, puis une sorte de petit cri étranglé, qui demeure dans sa gorge, un peu dégoûtant, avant de se taire, définitivement. Constance Bonacieux s'affaisse doucement, son dos glisse contre le lambris. D'Artagnan saisit le quinquet. La flamme mourante, soufflée par le courant de l'air va s'éteindre, mais le cadet aux gardes parvient à peine à apercevoir les larges plaques rouges apparues sur le visage de la femme de chambre et, surtout, les lèvres boursouflées de la chambrière. C'est du poison, le soldat en est certain. Constance Bonacieux est victime de quelque philtre mortel. Sans doute un mouchoir offert à la servante, semblable aux pochettes préparées par les alchimistes de la cour des derniers monarques Valois, un mouchoir imbibé d'un poison d'Italie que Constance Bonacieux aura porté à son visage, sans savoir qu'elle y respirait la mort. D'Artagnan demeure, un instant, pétri de saisissement. La stupeur. D'Artagnan regarde le cadavre de la jeune femme qui vient de mourir à ses pieds.

Maintenant, le cadet aux gardes doit sortir de ce couloir. D'autant que le quinquet, lui aussi, se meurt. Constance Bonacieux, pense d'Artagnan, dont, tout compte fait, la vie n'a pas plus compté, dans l'histoire du monde, que celle de cette petite flamme.

Elle doit retrouver ce Français. Elle sait que c'est lui qui, depuis la nuit des temps, doit vivre avec elle. Que n'a-t-elle trouvé les mots pour le retenir auprès d'elle, à Londres ? Wet-Wet-Gladys a le regard fixé sur l'horizon. A chaque instant, la courtisane croit apercevoir les côtes du royaume de France. Athos, elle doit revoir le fougueux soldat du roi de France, elle comprend maintenant que le mousquetaire est fait pour elle. Que ne l'a-t-elle su plus tôt ? Elle aurait pu le dire au militaire et le garder auprès d'elle en Angleterre. Mais qu'importe ! Qu'importent le roi de France, et son armée, et ses règlements, qu'importent les rumeurs de guerre dont la propriétaire du Singe Rouge elle-même a entendu parler, puisqu'elle est amoureuse. Et rien ne l'empêchera, pas même les armées du roi de France et du roi d'Angleterre, de retrouver son amant.

Wet-Wet-Gladys n'accorde pas le moindre regard aux matelots et aux passagers qui la dévorent des yeux. Athos, nul autre être ne compte pour elle, seul le militaire, aimé une nuit, une seule nuit, occupe les pensées de l'Anglaise, le militaire avec qui elle veut vivre jusqu'à la fin de ses jours, le mousquetaire qu'elle va inciter à déserter, si besoin est. Et Wet-Wet-Gladys est confiante, personne, ni le roi de France, ni ses gardes ne pourront l'empêcher de trouver le bonheur. D'ailleurs, la directrice du Singe Rouge sait qu'elle dispose d'une alliée, oui, la reine de France, dont elle a porté certains des plus beaux bijoux et avec qui elle partage donc beaucoup, ne va-t-elle pas devoir l'aider ? Anne d'Autriche aime le duc de Buckingham, et Wet-Wet-Gladys est éprise, à la folie, d'un mousquetaire. N'y a-t-il pas là matière à jeter les bases d'une solide amitié, entre femmes ? Car Wet-Wet-Gladys sait que, en matière amoureuse, les convenances et les préjugés sont réduits à néant. C'est le principal enseignement qu'elle tire de la conduite des affaires du Singe Rouge, qu'elle a exercée pendant tant d'années.

Dans le même temps, le pauvre Baptistou de Moulis, le boiteux, dépité par l'attitude soudainement hostile de Manon, se décide à aller trouver un peu du réconfort attendu auprès de ses brebis.

Athos et d'Artagnan ne savent, en attendant de pouvoir dresser un plan d'action, où établir leur quartier général. Ni l'un ni l'autre ne peuvent retourner chez les mousquetaires du roi, car M. de Tréville a sans doute donné des ordres pour s'assurer de leur personne, voire les faire tuer sans procès. De plus, d'Artagnan ne peut revenir chez le mercier Bonacieux. Dieu seul sait quelles sont les dispositions d'esprit de ce dernier à l'égard du cadet aux gardes, à présent que son épouse est morte. En l'absence de Porthos et Athos, si tant est, du reste, que les deux mousquetaires soient encore de leur côté et n'obéissent pas, en fait, à M. de Tréville, les deux hommes sont livrés à eux-mêmes, alors, à moins d'un miracle, pense d'Artagnan à haute voix, ce dernier ne voit pas très bien comment la reine de France pourrait arborer ses douze ferrets au bal de La Merlaison, comment le cadet aux gardes parviendrait à reconquérir l'amour de Milady de Winter et comment, de manière plus générale, les deux compagnons seraient en mesure de conserver la vie sauve dans les jours, voire les heures à venir.

– Oui, un miracle, soupire le jeune Gascon.

– Oui, c'est cela, un miracle ! s'exclame Athos. Nous sommes sauvés.

La Cour des Miracles de la rue Neuve-Saint-Sauveur, repaire inexpugnable lové au cœur d'un lacis de ruelles obscures et tortueuses. Antre à ciel ouvert où, le soir venu, tous les faux orphelins, les faux aveugles et les faux estropiés, les vrais truands, les vrais assassins et les vrais voleurs se retrouvent pour faire le compte de leurs méfaits et se répartir le butin de la journée, sous l'autorité du chef suprême, le Grand Equarrisseur, ainsi nommé pour deux raisons. D'une part en raison de sa haute taille et de sa forte corpulence, d'autre part, à cause des talents que l'homme, sans jamais avoir appris le métier de médecin ou de barbier, a toujours montré pour faire disparaître ce qui aurait pu conduire à prouver la culpabilité de certaines personnes pour qui la vie d'autrui n'a pas l'importance qu'elles devraient lui accorder. Le Grand Equarrisseur qui règne en maître absolu sur cette vaste cour boueuse entourée de taudis où s'entassent des prostituées de toutes espèces.

Athos regarde d'Artagnan avec stupéfaction. Son compagnon est-il devenu fou ? Croit-il que le Grand Equarrisseur va les laisser pénétrer dans ce lieu où, jamais, aucun soldat du roi ne s'est aventuré ? Oui, bien sûr, explique le mousquetaire. Ce dernier a, en effet, il y a longtemps, épargné la vie du Grand Equarrisseur qui, depuis, lui est dévoué corps et âme.

Oui, explique un des brigands attroupés, ces sales petits vauriens ont assassiné le Grand Equarrisseur, alors que venait de commencer la séance d'épouillage à laquelle celui-ci se prêtait une fois par semaine. Mais avant de le taillader de toutes parts, les enfants ont pris soin d'annoncer à leur maître et aux deux valets que des liens vite serrés réduisaient eux aussi à l'impuissance les raisons de cette exécution : ils entendaient le punir de les avoir, dès leur très jeune âge, estropiés, d'avoir fait couper bras, main, oreilles, nez et jambes afin d'arracher les larmes des passants et de trouver facilement le chemin de leur générosité par ailleurs sollicitée à force de plaintes forcées et de gémissements appuyés.

D'Artagnan et Athos sont tout à la fois écœurés par le spectacle qui s'offre à eux, un géant foudroyé dans la force de l'âge, et désemparés, puisque leur protecteur supposé, à présent dépourvu de la plupart de ses membres et appendices, est hors d'état de leur venir en aide. Mais alors que les deux militaires sont prêts à céder au désespoir le plus noir, une des habitantes de la Cour des Miracles s'approche d'eux après être demeurée un instant à l'écart. Ni l'un ni l'autre des deux soldats ne peut se douter que cette Bohémienne est celle qui, jadis, a prédit à Buckingham qu'il mourrait de mort violente. La raison de ce pouvoir étrange, dont l'Histoire doit prouver un jour la réalité, est à chercher du côté d'une obscure malédiction qui explique que l'esprit de la femme est tout entier occupé, hormis le trépas du duc, par ce qui concerne sa vie et celle des personnes qui approchent Sa Grâce, à l'image de la reine de France et de Navarre. Que le cadet aux gardes et le mousquetaire la suivent, la Bohémienne peut leur venir en aide. Qu'ont-ils à perdre ? remarque Athos.

A l'aide de son crochet de fer, la Bohémienne remue une nouvelle fois les braises rougeoyantes. D'Artagnan est fasciné par les lueurs qui jettent sur le visage de la Gitane des ombres étranges. Est-ce l'effet des grandes poignées d'herbes aromatiques que la femme a jetées dans le brasero, ou bien la fatigue et la lassitude qui trompent l'esprit du jeune homme ? Cette femme, sous ses bijoux aux motifs étranges, avec ses serpents de fer qui se lovent autour de ses bras minces, avec ses lourdes boucles d'oreille ornées de signes cabalistiques et ces tissus aux couleurs assourdies par la crasse, d'Artagnan la connaît. N'est-ce pas Milady de Winter ? Oui, les manières racées de l'Egyptienne ne sont-elles pas celles de l'envoyée de la reine de France ? Seule Milady est assez habile pour s'être grimée de la sorte, afin de trouver ainsi refuge, non loin du Louvre où elle va prendre les ordres de la reine sa maîtresse, mais hors d'atteinte des soldats du roi de France. Milady, ici. D'ailleurs, entre deux gestes et deux psalmodies, la femme regarde, à la dérobée, le cadet aux gardes et son compagnon. Un instant, les yeux de la Bohémienne et ceux du Gascon se croisent. D'Artagnan se tourne vers Athos, il va lui parler, lui dire que Milady de Winter est là, sous ces haillons. Mais la femme jette sur le fourneau une poignée de copeaux, très fins, enroulés sur eux-mêmes et très odoriférants. Le cadet aux gardes sent la tête lui tourner, il regarde la femme. Non, celle-ci n'est qu'une Bohémienne, crasseuse et voleuse, sans doute occupée à endormir sa méfiance avant de lui réclamer de l'argent. Et cette odeur qui se fait plus entêtante, et les volutes parfumées qui se mêlent aux odeurs nauséabondes de misère, de crasse et de maladie qui empestent. D'Artagnan voudrait partir, oui, il lui faut quitter cet endroit. D'Artagnan se relève, mais la tête lui tourne, le cadet aux gardes cherche Athos. Ce dernier a disparu. La fumée se fait plus épaisse, d'Artagnan a du mal à respirer, il n'y voit plus rien, il ne perçoit plus du monde que les psalmodies de la Bohémienne qui poursuit ses incantations, derrière lui. Et, soudain, le rideau de fumée se déchire.

La Bohémienne est entrée en transe. Elle fixe, sans que rien ne semble la relier au monde, les volutes de fumées et, d'une voix qui semble être celle d'une autre, elle parle. D'abord des anges noirs qui la regardent, de l'autre côté du miroir fêlé placé en face d'elle, ensuite, des Templiers, dont le donjon s'élève non loin d'ici, et qui furent torturés et brûlés, sur ordre d'un roi de France, il y a bien longtemps. Le bûcher des Templiers, l'odeur de la chair grillée, les nuées d'encens qui nimbent d'Artagnan. Celui-ci veut partir, quitter cet endroit, mais il ne le peut pas, une force inconnue de lui l'oblige à rester là et à demeurer le regard fixé sur la magicienne dont les visions se succèdent.

– Les bijoux ! Ah, ils sont maudits ! s'écrie la femme.

Le cadet aux gardes tressaille, oui, les joyaux, l'Egyptienne les voit-elle donc, les douze ferrets ? Oui, ils sont chez la femme, la dame à la couronne, très haute et très puissante, l'épouse du roi.

Non, c'est impossible, cette magicienne se moque. D'Artagnan se relève. Il lui semble que la nuée se dissipe. Le Gascon s'approche de la Bohémienne. Anne d'Autriche serait en possession des ferrets ? Allons, cette voleuse ment. Le soldat va lui faire payer cette mystification, la tuer, de ses propres mains, pour délivrer la terre des démones de son espèce. Le soldat s'approche, la magicienne regarde le Gascon et pousse un grand cri.

La pièce redevient soudain claire, la fumée s'est évanouie et la Bohémienne paraît être sortie de ses transes. D'Artagnan veut l'interroger, mais la femme ne sait rien, elle ne peut dire rien de plus, elle ne se souvient pas des mots prononcés lorsque l'encens lui a ouvert l'esprit.

Peut-être cette magicienne crasseuse dit-elle la vérité. D'Artagnan doit, au mépris de tout danger et quelles que soient les menaces qu'il encourt, regagner sans tarder le Louvre. Pour une raison que le cadet aux gardes ignore encore, Anne d'Autriche est donc entrée en possession des douze ferrets. Le soldat doit aller le vérifier sur-le-champ. A moins que, tout entière occupée à la réalisation d'un dessein mystérieux, monstrueux, la souveraine ne se soit jamais défaite des vrais bijoux, ou que ceux-ci n'aient pas disparu de son serre-bijoux et que d'Artagnan et ses alliés aient couru après des joyaux qui n'étaient jamais, du moins, les vrais, sortis du palais des rois de France ? D'Artagnan est-il, depuis sa première rencontre avec la souveraine, le jouet manipulé qu'il lui paraît être à présent ? De quelle odieuse machination est-il le pantin ? Vite, le cadet aux gardes doit regagner le Louvre, et aller trouver le roi pour lui narrer par le menu tout ce qu'il sait. Le roi est le père de ses sujets, il pardonnera, et la reine paiera.

Oui. D'Artagnan sait où se trouve, à présent, son devoir, ou, plutôt, son intérêt. Le cadet aux gardes doit aller trouver Louis XIII et raconter par le menu à ce dernier la traîtrise de son épouse. C'est là le plus sûr moyen de parvenir à la gloire et à la fortune. D'Artagnan s'échauffe, cette solution est la meilleure, assurément. Lorsque la reine sera recluse au fond d'un couvent et ses servantes embastillées, ses chiens de compagnie noyés dans les fossés du vieux Louvre et ses familiers exilés, personne ne sera là pour reprocher au cadet aux gardes d'avoir manqué à sa parole. Et peu importe à d'Artagnan que le cardinal de Richelieu dise le faux ou la vérité. Dans le premier cas, il le perd aux yeux du monarque, dans le second, le jeune Gascon rejoint le camp du plus fort.

Le Louvre, vite, l'appartement du roi. Mais comment parvenir jusqu'au souverain sans que le cardinal ou la reine ne puisse tenter de s'y opposer ? Partout, rôdent les gardes, les courtisans que le prélat intrigant a placés tout autour de la personne royale, partout, guettent les créatures acquises aux turpitudes de la souveraine. Avant d'arriver jusqu'auprès du roi, d'Artagnan risque fort de recevoir un coup de poignard dans le dos, au détour d'un passage dérobé ou d'un escalier étroit et sombre, comme il en existe tant dans le vieux palais. La croix, la croix sur son front...

Pourtant, il doit bien y avoir une solution. Le cadet réfléchit, mais, toujours, le souvenir de la femme qu'il a aimée et qui l'a aimé par deux fois revient en son esprit et s'en empare tout entier,

Milady... D'Artagnan marche au hasard, mais il est perdu, maintenant, il ne sait plus où il se trouve, tant l'architecture du Louvre est compliquée à souhait. Pourtant, il semble bien au Gascon que l'appartement du roi est installé dans cette aile, à l'étage en dessous, peut-être, non, ce passage ne mène nulle part.

Soudain, des voix, quelqu'un arrive. Le cardinal venu trouver son maître, ou la reine, décidée à avouer sa faute à son royal époux afin de contenir les effets de son courroux. Nulle issue, d'Artagnan est pris au piège. Non, là, une porte pratiquée dans la boiserie, qui mène à un cabinet obscur. Le soldat tâtonne, trouve une autre issue. Allons, il ne lui faut pas perdre de temps.

L'instant d'après, d'Artagnan se trouve dans une petite pièce, dépourvue de fenêtre mais très richement éclairée. Dans la chambre close, une masse de graisse étincelante, parée comme une idole, inspecte son image repoussante dans un miroir. Elle est parée des ferrets. Le soldat cligne des yeux. Pour la première fois, d'Artagnan contemple, déployés sur une gorge royale, les bijoux, les ferrets, les douze ferrets offerts par le roi à son épouse. Car devant d'Artagnan, se tient une créature vieillissante, et qui a sans doute toujours été vieille, une masse imposante, enrobée d'une graisse jaune que sanglent et compriment des étoffes de grand prix. Et d'Artagnan connaît cette femme, bien qu'il ne l'ait jamais vue. Il sait qu'il est en face de l'une des plus célèbres et, peut-être, des plus puissantes femmes de toute l'Europe. Certes, cette femme est reine, mais pas la reine que d'Artagnan s'attendait à trouver en possession des joyaux.

Le jeune Gascon est face à Marie de Médicis, la veuve du roi Henri IV, la reine mère, la génitrice du roi régnant, la belle-mère de la jeune Anne d'Autriche, la pire ennemie de la jeune reine inexpérimentée. Le soldat comprend que se tient, devant lui, celle par qui le malheur s'est abattu sur la France, celle dont l'Egyptienne, tout à l'heure, qui n'était donc pas une menteuse, a parlé dans ses transes.

– Ah ! Par exemple !

La voix de la reine mère est désagréable, semblable à celle d'une vieille bête, elle est rauque, essoufflée et, surtout, empreinte d'une grande cruauté. D'Artagnan a peur, mais cet effroi n'est rien en regard de la terreur qui déforme la face jaune et bouffie de la souveraine, l'épouvante qu'il lit dans les yeux méchants qui tentent de le dévisager.

– Qui êtes-vous ?

Mais la reine mère n'attend pas la réponse à sa question. Ses yeux emplis de haine se sont posés sur l'uniforme du cadet aux gardes. Marie de Médicis sait, elle aussi, qui se tient devant elle.

– Vous !

Le soldat bafouille, ne comprend pas. La mère du roi le connaît-elle ? Mais pourquoi, comment est-ce possible ? Le Gascon ne sait où poser son regard. Sur les douze ferrets qui scintillent, splendides, sur l'énorme masse de chair qui s'est dressée devant lui, sur le visage dévoré de haine et de peur qui est celui de la vieille souveraine ? Qu'importe, le soldat doit s'emparer des bijoux, coûte que coûte. Après, il sera temps de décider, qui du roi ou de son épouse le Gascon ira trouver. D'Artagnan tire son épée.

– Vous n'oseriez pas !

Allons, bien sûr que si, le soldat oserait. La fortunc ct les honneurs, la gloire et la richesse sont à la portée de sa lame. D'Artagnan est seul, il est jeune, bien portant et déterminé, très déterminé, et armé. Face à lui, une vieille femme, seule, en possession des ferrets que les plus puissants personnages de France convoitent. D'Artagnan peut-il hésiter ? Non, et il s'avance droit vers la Florentine, l'épée en avant.

La veuve du roi Henri IV pousse un drôle de cri, rauque, aigu, assez dégoûtant car semblable à celui d'un animal qui va mourir. Elle se lève d'un bond, témoignant d'une vigueur que sa masse imposante ne permettait pas de soupçonner, renverse la table dont elle tente de se faire un rempart. Sa lourde robe entraîne écrins tapissés, timbales argentées et divers papiers qui tombent sur le parquet de chêne. D'Artagnan continue à avancer. Il doit la tuer, la tuer et s'emparer des bijoux, sans chercher à savoir, à connaître le rôle de Marie de Médicis dans toute cette affaire. La reine mère se réfugie derrière le fauteuil à haut dossier. Elle respire avec difficulté, comme un soufflet de forge.

– Attendez.

L'épouse du feu roi Henri IV est folle de terreur. Il lui faut gagner du temps.

– Réfléchissez.

Les mots jaillissent de la bouche aux lèvres ridées. Que le cadet aux gardes se représente bien ce que signifierait l'assassinat de la reine mère. Pense-t-il que ce crime demeurera impuni, croit-il qu'il parviendrait même à sortir du Louvre sans être inquiété ? La veuve du roi Henri IV sait que, de ses mots, dépend sa survie. D'Artagnan écoute-t-il ? Ce n'est pas sûr. Il contemple les rides qui strient la bouche royale, une bouche racornie, aux lèvres sèches, cachant mal des dents noircies, ébréchées. Le Gascon veut, doit retrouver les lèvres pleines et fraîches de l'inconnue qu'il a aimée par deux fois.

La reine mère continue à parler. Cette femme dégoûtante dégoûte d'Artagnan. De surcroît, c'est elle qui s'est mise en travers de son chemin, depuis le début de cette aventure. Marie de Médicis doit mourir et d'Artagnan doit s'emparer des ferrets, les somptueux ferrets qui étincellent de tous leurs feux à la lumière des bougies.

Elle parle, parle encore, toujours. La reine mère

s'agite, cherche l'arme qui peut lui sauver la vie, l'issue qui va lui permettre de s'échapper, la Florentine s'approche, doucement, sans cesser de parler, de la cage dorée installée dans la pénombre.

D'Artagnan ne distingue pas le léger mouvement de la reine mère, il doit tuer cette créature. Doucement, la reine mère tire le loquet. Un battement d'ailes, un animal affolé qui se saisit d'une liberté depuis peu retrouvée, un pigeon, deux autres, trois oiseaux apeurés qui s'échappent de la cage et vont se heurter à la fenêtre close, trois pigeons qui roucoulent, battent des ailes, se cognent aux quatre coins de la pièce, frôlent la reine mère et d'Artagnan, emplissent l'air de plumes et de duvets froissés.

D'Artagnan hait les oiseaux, pire, il en a peur, le contact de ces volatiles stupides lui est insupportable. Le Gascon tente de se protéger le visage de ses bras, mais la reine mère entend profiter de la surprise du Gascon et tente de passer en force. L'énorme créature, parée comme seules peuvent l'être les veuves, se jette sur la porte close et l'ouvre. De l'autre côté, la liberté, les secours, la vie.

Mais le soldat est le plus vif. Malgré les pigeons voyageurs qui emplissent l'air de leurs roucoulements, il parvient à attraper la robe de la souveraine. Celle-ci, déséquilibrée, tombe lourdement sur le dos, les ferrets se détachent, tombent à terre. D'Artagnan lève son épée. Non, il ne peut plonger son arme, cadeau de son père, dans cet amas de chair qui gémit à ses pieds, l'épée familiale ne peut servir à trucider cette créature glapissante. Son poignard fera l'affaire, même s'il lui faudra s'y prendre à plusieurs fois.

Un râle s'échappe de la chose, d'Artagnan lève son bras, la veuve du roi Henri IV va mourir, le cadet aux gardes va frapper, une main l'arrête net. C'est Athos.

Les pigeons voyageurs s'enfuient dans les couloirs du vieux Louvre. Athos semble horrifié. Pendant que Marie de Médicis tente de reprendre son souffle, le mousquetaire essaie de convaincre son ami de laisser la vie sauve à la souveraine. Comment ce dernier pourrait-il prétendre, après avoir assassiné la vieille femme, entrer dans la maison militaire du roi de France et de Navarre dont elle est, tout de même, la mère ?

D'Artagnan entend à peine les paroles de son compagnon, et l'envie d'en terminer avec la reine Anne et ses ferrets, les intrigues de la cour et les vilenies de ses courtisans est si impérieuse que le Gascon, un instant, se demande si le mousquetaire n'est pas au service de la reine mère. Tous. Ils sont tous ligués contre lui.

Mais d'Artagnan, lentement, reprend ses esprits, à mesure que le mousquetaire parle.

– Laissez-moi partir, éructe Marie de Médicis, au nom de Dieu miséricordieux.

Athos aide la reine mère à se relever, sans que d'Artagnan fasse le moindre geste pour l'en empêcher. La reine ne doute pas un seul instant que, sous l'apparence des pigeons voyageurs qui l'ont frôlée, tout à l'heure c'est la mort qui l'a approchée de près, de très près. Il lui faut agir avec prudence, alors, seulement, elle pourra échapper à ce furieux.

– Laissez-moi partir, et les ferrets sont à vous.

Athos regarde d'Artagnan. Qui regarde les ferrets. Le cadet aux gardes réfléchit longuement.

– Soit. Mais avant, je veux savoir pourquoi, pourquoi tout cela.

La reine mère ne peut réprimer un frisson, elle aurait préféré s'échapper sur-le-champ, quitter l'aile médiévale du vieux Louvre où, par le plus pur des hasards, d'Artagnan l'a découverte, et regagner ses appartements officiels, à l'autre bout du palais, où l'attendent ses dames et ses gardes. Mais puisqu'il faut en passer par là, et expliquer à ce furieux pourquoi, elle, l'épouse du roi Henri, elle s'est livrée à ce complot, alors, oui, elle va s'acquitter de sa tâche, quoi qu'il lui en coûte.

Et Marie de Médicis explique. Du vivant de son époux, le roi Henri IV, les plus belles pierres achetées par Sully, les trésors des joyaux de la Couronne étaient, au gré des amours du Vert Galant, distribués à toutes ces putains, ces femmes que le roi a successivement mises dans son lit, les Gabrielle d'Estrées et les Charlotte des Essarts, les Françoise de Montmorency et les Jacqueline de Bueil, sans compter les filles de ferme, les ravaudeuses, les dames de la halle et tant d'autres. Elle, la reine de France, était soumise à toutes les vexations et toutes les humiliations, et elle ne reçut jamais aucune de ces parures somptueuses que son rang, sa naissance et sa position auraient dû lui destiner. Alors, lorsque le roi a péri sous le couteau de Ravaillac, Marie de Médicis, enfin, a pu assouvir sa passion pour les bijoux. Mais durant une trop brève période, car, à la demande du cardinal de Richelieu, la reine mère dut remettre ses bijoux à la disposition du roi son fils. Peu lui importait, en fait, que les joyaux retrouvent le chemin du trésor royal, du moment qu'aucune autre femme ne pouvait en jouir. Aussi, quelle n'a pas été sa rage lorsque le roi a fait don à son épouse des douze ferrets.

– Ces ferrets sont à moi. A moi seule.

Marie de Médicis dissimule un sourire, la reine mère sait que le bal de la Merlaison vient de commencer, la reine Anne, sa belle-fille, n'aura pas les ferrets à temps. Cette catin est perdue, demain, elle sera embastillée, et elle, la reine mère, trop longtemps tenue à l'écart du pouvoir par un mari volage, saura prendre sur son fils l'ascendant qui lui permettra, enfin, de présider aux destinées du royaume, ce qu'elle attend depuis tant de temps.

La Florentine relève la tête, fière. Oui, c'est elle, qui, dans l'ombre, travaille à la perte de cette reine qui n'hésite pas à recevoir, dans sa ruelle, le duc de Buckingham, cet ennemi du royaume, c'est elle qui a lancé ses espions et ses affidés sur les traces des ferrets lorsque ceux-ci ont quitté le sol de France.

D'Artagnan se raidit. Marie de Médicis, le cadet aux gardes en est sûr, connaît l'identité de la mystérieuse créature qu'il recherche avec tant d'ardeur, l'homme qui s'oppose à lui avec tant de force et d'intelligence. Il interroge la souveraine. Une étrange lueur passe dans le regard de la reine qui semble sur le point de parler, puis se ravise.

– Ah non, monsieur le cadet aux gardes, ce serait trop facile, vous avez percé une partie de mon secret, souffrez que je taise le reste.

Le soldat est néanmoins sur le point d'insister, la vieille reine n'est guère en mesure de s'opposer à lui. Mais, un étrange sourire sur ses lèvres décharnées, la veuve d'Henri IV fait voir au cadet aux gardes ce qu'il y aurait de décevant à connaître, maintenant et en cette place, l'identité de celle qui occupe ses pensées.

– Ce serait dommage, ne trouvez-vous pas, d'apprendre d'une vieille femme, laide et parvenue au soir de sa vie, l'identité de celui qui m'est dévoué corps et âme, ne trouvez-vous pas ? Allons, monsieur le cadet aux gardes, vous le saurez, bientôt. Et, alors, si vous vous en montrez désireux, il vous sera loisible de vous abandonner, ensuite, en compagnie de qui vous voudrez, à toute la félicité qu'il se peut trouver sur cette terre.

D'Artagnan serre contre lui l'écrin contenant les ferrets. Allons, à l'hôtel de ville !

D'Artagnan s'approche de son cheval. A la selle, est pendu un rouleau que le cadet aux gardes s'empresse de déplier. Tracé d'une écriture que le soldat est certain de n'avoir jamais encore lue, un message met le cadet aux gardes dans un état situé entre le ravissement, pour ce qui est de la surprise qu'il lui cause et des perspectives radieuses qu'il recèle, et le tourment que lui inflige la sensation d'être séparé de l'objet de ses pensées :

Si vous tenez à ce que votre corps puisse, une nouvelle fois, s'unir à celui de la personne qui a été vôtre à deux reprises, sachez vous montrer digne de la confiance qu'une jeune femme placée, par la faute d'ennemis qui sont également les vôtres, dans la situation la plus dangereuse qui soit, a bien voulu mettre en vous et soyez, cette nuit, au bal de la Merlaison où seront récompensés comme ils le méritent votre bravoure et votre ténacité, votre courage et la passion que la personne recherchée a su vous inspirer.

Au diable le roi de France et de Navarre ! Il n'avait qu'à faire en sorte de ne pas placer son épouse en situation de céder aux tentations, oui, décidément, le cadet aux gardes sera, jusqu'au bout de cette aventure, fidèle à sa reine.

Il est minuit. Aux abords de l'hôtel de ville, la foule se presse, les badauds venus admirer les riches toilettes des dames et des seigneurs de la cour, et quelques chapardeurs qui guettent le bourgeois trop naïf. Le roi arrive, en compagnie de son frère, Monsieur, duc d'Anjou. Les échevins l'accueillent sur les marches de l'escalier de la maison commune, vêtus de leur robe de drap et précédés de sergents qui, chacun, tiennent un flambeau à la main. Le coup d'œil est magnifique, le monarque, en habit de cérémonie, est entouré de ses familiers. Mais Louis XIII paraît triste, et semble préoccupé.

D'Artagnan tente de se frayer un chemin au milieu de la foule, il lui faut approcher le souverain. Soudain, son regard croise celui d'un autre homme, à qui sa qualité ne permet pas de se mêler de façon trop appuyée aux réjouissances. Richelieu. Le cardinal, qui marche à la suite du roi, laisse ce dernier gagner les vastes pièces illuminées où une collation, servie dans de la vaisselle d'argent, attend le roi et son entourage immédiat. D'un mot, le ministre prend soin d'envoyer son secrétaire chercher le cadet aux gardes, d'un signe, il fait ouvrir la porte d'un salon situé à l'écart.

Le cadet aux gardes et Jean-Armand du Plessis se retrouvent face à face, en la seule compagnie de l'abbé qui, partout, accompagne Richelieu. La situation est d'autant plus étrange pour le Gascon que, si la pièce est plongée dans une semi-pénombre, parviennent néanmoins aux trois hommes les rumeurs de la cohue. Sans attendre, le cardinal s'approche du cadet aux gardes et lui donne l'accolade.

– Ah ! Grâce à Dieu qui a su guider votre bras, la reine est sauvée, s'exclame le cardinal.

A la demande du ministre, le cadet aux gardes ouvre l'écrin où brillent de tous leurs feux les douze ferrets et le pose sur une table. L'abbé qui accompagne Richelieu s'approche et tend la main. Richelieu poursuit, que le cadet aux gardes laisse donc son secrétaire remettre lui-même à la reine les joyaux qui vont lui permettre de regagner le cœur et la confiance du roi, car les ennemis qui, dans l'ombre, agissent contre les intérêts de la souveraine et dont le cardinal n'est pas encore parvenu à percer l'identité sont, Richelieu, le sait, présents ce soir, dans le moindre des coins et recoins de l'hôtel de ville, et déterminés à empêcher le Gascon d'approcher la reine.

– Est-il possible, monseigneur, qu'ici même, Sa Majesté soit entourée d'ennemis ?

– Hélas, monsieur le cadet aux gardes ! Sa Majesté la reine et vous-même n'êtes pas en sécurité, dans cette maison.

Jean-Armand du Plessis explique. Certes, les soldats qui lui sont attachés sont placés aux quatre coins de l'édifice, ses espions sont présents dans tous les salons où se pressent les échevins de la Cité et leurs invités. Mais le prélat ne peut néanmoins garantir au cadet aux gardes que sa sécurité est pleinement assurée. Aussi, le cardinal le déclare au cadet aux gardes, lui seul, le cardinal de Richelieu, est sans doute en mesure, en cette heure grave, sans doute historique, voire dramatique, d'aller trouver la reine et de lui remettre le coffret des ferrets sans éveiller la suspicion de quiconque, surtout celle du roi.

Le cadet aux gardes est soucieux. Déjà, l'abbé qui accompagne le cardinal s'est emparé du coffret. D'Artagnan réfléchit. Cet homme, il lui semble l'avoir déjà vu quelque part. A Londres, à Paris ? Le jeune Gascon cherche au plus profond de sa mémoire. Et si cet ecclésiastique était un traître à son maître, le cardinal ? Un instant, d'Artagnan pense s'ouvrir de ses soupçons à Richelieu, mais comment y parvenir sans attirer l'attention du secrétaire de Son Eminence ? Le cadet aux gardes pourrait essayer de faire un signe au cardinal, de lui faire comprendre, d'un regard, d'un mouvement discret, que d'Artagnan souhaiterait lui parler, vraiment, tête à tête ? Mais d'Artagnan craint que l'abbé ne s'aperçoive de son manège et, du reste, peut-être le soldat est-il, une fois de plus, victime de son imagination, ou alors, les vapeurs d'encens qu'il a respirées dans la chambre de la Bohémienne, tout à l'heure, sont encore tapies dans quelque recoin de son esprit et en perturbent le bon fonctionnement.

Non, décidément, le cadet aux gardes n'a d'autre choix que d'aller, lui-même, trouver la reine.

– Fort bien, comme vous voudrez, monsieur le cadet aux gardes.

Jean-Armand du Plessis fait un signe. L'abbé, qui semble n'avancer qu'à regret vers d'Artagnan, redonne à ce dernier le coffret aux douze ferrets. Le cardinal continue. Que le jeune Gascon sache, en tout cas, que le prélat garde, pour lorsqu'il le désirera, un poste de capitaine dans le corps de ses gardes, pour quand il lui plaira d'en assumer la charge. Avec des hommes tels que lui, le cardinal se ferait fort, ajoute-t-il, de conférer au royaume la première place de la chrétienté.

Délaissée de tous, mais disposant d'un réseau d'espions zélés, abandonnée mais déterminée à faire le mal, Marie de Médicis, demeurée au Louvre, a déjà été mise au courant des incroyables événements qui se déroulent à l'hôtel de ville. Ivre d'un désir de vengeance trop longtemps refoulé, la vieille souveraine s'approche du très beau portrait que Rubens a brossé de son époux, le défunt roi Henri IV, assassiné, voici quinze ans déjà, par le dévoué Ravaillac, celui qui se laissa torturer sans jamais rien révéler de l'identité de ceux qui avaient armé son bras meurtrier.

– Tiens, vieux bouc, hurle la reine en crachant sur le portrait. J'espère que tout ceci, tu le vois depuis l'enfer où, je le souhaite ardemment, tu es en train de rôtir.

La reine est contente, très, et sa vilaine bouche se tord en un sourire plus affreux encore. Le roi son fils et son épouse Anne sont, grâce à elle et à ses agissements machiavéliques, soumis ce soir à rude épreuve. Lorsque la souveraine sera lasse de s'en prendre à eux, elle s'intéressera de près au sort de son second fils, Monsieur, le duc d'Anjou, et quand elle en aura fini avec ce petit intrigant, elle s'en prendra à ses filles. D'abord, cette idiote d'Elisabeth, qui s'apprête à épouser le roi d'Espagne. Et Christine-Marie. Et aussi Henriette, épouse depuis peu du roi Charles d'Angleterre. Tous ces enfants que le roi Henri IV son cher époux lui a mis en son ventre, de force, entre ceux dont il a engrossé ses innombrables et impudentes maîtresses. Elle leur fera payer d'être nés et de l'avoir obligée, elle, la reine mille fois trompée, jamais respectée, à les porter tant de mois durant.

Et la reine mère part d'un immense éclat de rire. Mais sa joie serait bien plus grande, encore, si Marie de Médicis connaissait, par le menu, le nouveau coup du destin qui s'abat, en ce moment même sur le bal de la Merlaison.

La foule se presse sur la place de Grève et dans les rues et venelles avoisinantes, une clameur parcourt la population de Paris, la bousculade est à son comble. Voici la reine et les personnes qui forment sa cour. D'Artagnan, de loin, a juste le temps d'apercevoir le beau visage de la souveraine. Celle-ci est, ce soir, d'une beauté éblouissante, quoique son regard exprime, pour celui qui sait le déchiffrer, tristesse et appréhension. Comme son époux voici quelques instants, la reine gagne un cabinet installé à son intention. En effet, tous les seigneurs et toutes les dames de la suite de Leurs Majestés doivent à présent chacun revêtir un habit de masque. Ces costumes, tous différents deux à deux, sont destinés à conférer un éclat incomparable au bal de la Merlaison. Le cardinal est revêtu d'un costume de cavalier espagnol, le roi, Monsieur et les gentilshommes de leur suite sont, tous, en costume de chasse, ce qui confère au monarque une élégance certaine.

D'Artagnan est d'autant plus pressé de trouver l'appartement réservé à la reine que sa tenue est de nature à attirer les soupçons sur sa personne : les militaires ne sont pas admis à pénétrer ce soir dans la maison de la Ville, seuls sont autorisés à veiller aux portes de l'hôtel de ville cinquante archers ainsi que deux compagnies de gardes, l'une française, et l'autre suisse. Mais la cohue est si grande que nul ne prête attention au cadet aux gardes ou, à tout le moins, ceux qui le remarquent se soucient comme d'une guigne de cette intrusion. En se mêlant à un groupe de valets de pied, le Gascon parvient, avec une facilité qui le surprend lui-même, jusqu'au salon dévolu à l'usage de la seule reine.

L'instant suivant, le cadet aux gardes est aux pieds de la princesse qui tient en ses mains le fameux écrin imprudemment remis par elle au duc de Buckingham, quelques jours auparavant. De bonheur et de soulagement, la reine voudrait pouvoir pleurer, mais Anne d'Autriche sait que cela ne se peut pas, car les larmes, fussent-elles de joie, laisseraient ses yeux rougis, ce qui ne manquerait pas d'intriguer le roi.

Voici quelques instants, les femmes de chambre de la reine ont aidé cette dernière à revêtir la robe que les couturières attachées à sa personne ont passé les jours derniers à coudre et à ajuster : une toilette de chasseresse, composée d'un jupe de satin bleu toute brodée d'argent et d'un surtout en velours gris perle rattaché avec des agrafes de diamants, et d'un chapeau de feutre orné de plumes bleues.

– Les ferrets, à présent, ordonne l'arrière-petite-fille de Charles Quint.

Ce qui survient ensuite est incongru, surprenant et insolite. Si étrange que, dans un premier temps, aucune des personnes présentes dans le salon ne saisit le véritable sens et la vraie portée de ce geste insensé. Ni la reine de France, ni Athos, ni, même, d'Artagnan. Et pourtant.

Et pourtant, en un geste fou, Mme de Chevreuse, la grande amie de la reine, la confidente, se saisit de l'un des ferrets, avant que quiconque puisse l'en empêcher. Et pourquoi le voudrait-on, du reste ? Personne ne pourrait deviner que Mme de Chevreuse dans un instant, va porter le bijou à ses lèvres, avant de l'avaler, d'un coup.

Le geste est incompréhensible, et si soudain que personne, pas même la reine, dont le sort est, ce soir, suspendu à un fil du destin, n'en comprend le sens ou la portée.

Mme de Chevreuse est livide, son beau visage se déforme dans une grimace de douleur. Un ferret, c'est difficile à déglutir. Alors, l'aristocrate porte la main à sa gorge, et pousse un petit gémissement, des larmes viennent mouiller ses yeux où, déjà, se lit la peur, la peur de mourir. Mme de Chevreuse va s'étouffer.

– De l'eau, une carafe d'eau ! s'écrie la reine qui n'a encore rien compris à ce qui arrive.

Mme de Chevreuse se laisse choir dans un fauteuil, elle cherche à reprendre sa respiration. Mais le bijou est toujours là, dans le gosier ducal.

La panique est à son comble. Dans la précipitation, chacun cherche à se porter au secours de la favorite de la reine dont le visage s'empourpre.

D'Artagnan, lui, sait déjà ce qu'il va faire. Peu lui importent les raisons qui ont incité Mme de Chevreuse à accomplir ce geste insensé, le cadet aux gardes se tient prêt, la main sur la poignée de son épée, il va devoir bousculer tout ce beau monde, et éventrer la favorite, pour servir sa reine.

C'est alors que l'on toque à la porte. Un valet se présente, il exprime le désir ardent du cardinal de pouvoir, sur-le-champ, se présenter devant la souveraine de France, afin de pouvoir assurer la sûreté de celle-ci. Mais, sans attendre la réponse de la reine, Jean-Armand du Plessis bouscule les suivantes de la reine et fait dans la pièce une entrée très remarquée.

Le cardinal n'attend pas les protestations d'Anne d'Autriche et se jette à ses pieds.

– Madame, vous pardonnerez, je l'espère, l'impudence d'un pauvre homme d'Eglise qui, pour plaire à Votre Majesté, est en mesure de lui éviter des tourments immérités.

Richelieu sort de sous sa cape un coffret en tous points semblable à celui que d'Artagnan vient de remettre à la reine.

– Enfin, monsieur le cardinal, que signifie tout ceci ? demande la reine, soudain devenue très pâle et très inquiète.

Jean-Armand du Plessis explique. Son entrevue avec d'Artagnan, il y a quelques instants, son ardent désir de tout mettre en œuvre pour que la reine puisse, en arborant les douze ferrets, obéir aux vœux de son royal époux et, pour ce faire, déjouer les mille et un pièges tendus par ses ennemis. Car les espions qui lui sont dévoués ont appris, ce matin même, à Richelieu, que la souveraine comptait, parmi ses intimes, une personne qui avait toute sa confiance et qui, pourtant, était plus que tout autre, attachée à sa perte, Mme de Chevreuse.

– Mais pourquoi ? demande la reine, dont la question s'adresse tout à la fois au cardinal et à elle-même.

Le cardinal ne peut expliquer qu'il sait tout des rencontres secrètes que Mme de Chevreuse est parvenue à organiser, en déjouant les gardes du Louvre, entre la reine et le duc de Buckingham. Ce ne serait ni convenable, car Richelieu est prêtre, ni plaisant, car celui-ci aime, à la folie, l'épouse de son roi. Mais, sans doute, avance-t-il, la jalousie est-elle le ressort de cette trahison, l'envie qu'a suscité, chez une femme belle et bien née, la personne du favori du roi Charles Ier d'Angleterre, celui qui fait tourner la tête de toutes les jolies femmes d'Europe.

Un râlement, suivi d'une succession de hoquets vient interrompre le récit du cardinal. C'est Mme de Chevreuse, gisant à terre, dont personne ne peut dire si ces plaintes témoignent d'une mort prochaine, de la rage d'être ainsi découverte ou de la furie causée par l'échec de son plan. La reine, qui se souvient alors qui sont ses ancêtres, sa lignée et son rang, fait taire, d'un coup de pied, la malheureuse qui a eu l'imprudence de trahir la confiance royale dont elle était la dépositaire bien-aimée.

– Ce n'est rien, et voilà qui est réglé, poursuivez, je vous prie, monsieur le cardinal.

Tout à coup, d'Artagnan se demande si Richelieu ne va pas le dénoncer en tant que complice de la favorite félonne. Mais non, le prélat explique, par le détail et selon la vérité la plus exacte, de quelle manière il a tenté d'obtenir du cadet aux gardes, peu avant l'arrivée de Sa Majesté, que celui-ci lui remette les ferrets, comment, devant le refus manifesté par le Gascon, et auquel il s'était préparé en son temps, il a fait substituer, à l'aide de son secrétaire de confiance, au vrai coffret un autre, en tous points pareil, et contenant douze pâles imitations, de simple verre de Venise.

– De manière très heureuse, ce simple subterfuge est parvenu à tromper Mme de Chevreuse.

– Monsieur le cardinal, comment puis-je vous témoigner ma reconnaissance ?

– En fixant à votre épaule, madame, ces ferrets qui ne demandent qu'à briller sous les deux cents flambeaux de cire blanche qui illuminent les salons de parade où doit se tenir le bal, et dont, pourtant, votre beauté va éclipser tout l'éclat. Allons, le roi, je le connais trop, doit déjà s'impatienter, hâtez-vous et allez contempler la déroute de vos ennemis.

D'Artagnan se demande si le cardinal connaît le rôle joué, en l'espèce, par la reine mère ? Sans doute, car comment le prélat ignorerait-il la part que la mère du roi de France a prise ou voulu prendre dans la perte de sa belle-fille ? Mais l'heure, au demeurant, n'est pas à un échange traitant de cette affaire. D'un geste, le cardinal a du reste fait signe au cadet aux gardes qu'il serait temps, plus tard, de poursuivre cette conversation en privé.

Sur la proposition de la reine, d'Artagnan gagne un salon particulier pour revêtir l'habit qui lui permettra de participer au bal en se mêlant incognito aux invités, et, déjà, ses suivantes fixent à l'épaule de la jeune souveraine les douze bijoux qui, par la faute d'une vieille reine trop coquette et trop longtemps dédaignée, voire moquée par un mari défunt, ont causé tant de morts et fait couler tant de sang.

Mme de Chevreuse continue de hoqueter, mais plus personne ne fait attention à elle.

Oui, Pierre de Batz-Castelmore aurait pu, lui aussi, devenir célèbre. Il aurait pu, comme son frère Charles, monter à Paris et y tenter sa chance. Peut-être le roi, la reine ou Richelieu l'auraient-ils chargé d'une mission périlleuse ?

Alors, à la nuit tombée, lorsque le château familial s'est assoupi, le jeune homme s'en va. Mais sur le chemin qui devrait le mener à Paris, le Gascon entend une voix de femme qui semble sortir d'une caverne noire. Le sang du jeune homme ne fait qu'un tour, une dame, sans doute précipitée dans un gouffre par les brigands qui l'ont détroussée après lui avoir fait, peut-être, subir les derniers outrages, et avoir mis sa suite en fuite, est en danger, elle est sans doute riche, très riche, généreuse et désireuse de récompenser le jeune homme intrépide qui va lui porter secours. Pierre de Batz-Castelmore doit sauver cette dame, et celle-ci assurera sa fortune. Le jeune homme s'approche de la grotte.

Non loin, après le détour du chemin, du côté du petit hameau pyrénéen nommé Lourdes, quelques méchantes maisons, un des villageois parti chercher du bois a juste le temps de voir le jeune homme s'approcher de la sombre tanière. La folle-qui-parle-toute-seule-dans-la-grotte-avec-de-la-lumière-autour a fait une nouvelle victime, le paysan frissonne. Au même instant, le Gascon, qui s'est aventuré dans la caverne, entend, pour la première fois de sa vie, parler de Conception Immaculée.

– Je vous demande pardon, madame ?

Enfin, la reine fait son entrée dans la grande salle de bal, recevant aussitôt les compliments des Messieurs de la Ville et les saluts des dames. Elle prend soin de ne pas regarder le roi, encore, qui, lui, ne peut accorder son regard à une autre. Car le monarque est ébloui par l'éclat des douze ferrets qui brillent et proclament que, ce soir plus encore que tout autre soir, la reine de France est la plus belle personne du royaume de France et de Navarre. Enfin, le fils d'Henri IV s'approche de son épouse et s'apprête à compter les ferrets pour s'assurer qu'ils sont bien douze à être fixés à l'épaule de la souveraine.

Mais les violons sonnent déjà le signal du ballet et le monarque doit prendre place auprès de Mme la Première présidente, la personne, après la reine, la plus considérable de la fête, tandis que face à la souveraine, Monsieur, le frère du roi, s'apprête à faire montre de ses talents de danseur.

Très loin des souverains, d'Artagnan, lui aussi, s'est mêlé à la foule. Le Gascon entend bien s'abandonner aux joies que lui offre la pensée d'appartenir, pour un soir, à la cour la plus brillante qui soit. Et, surtout, le cadet de Gascogne est certain d'une chose, il sait, de tout son être, que Milady de Winter est là, quelque part, parmi les personnes présentes. Mais où ? Est-ce cette divinité grecque, couronnée, à l'image d'un ange, de merveilleux cheveux blonds, cette marquise parée comme au temps du roi François Ier, ou l'une de ces dames de compagnie qui entourent la souveraine ?

La première série de danses s'achève, les seigneurs et les dames vont se rafraîchir et se restaurer auprès des buffets où sont présentées les collations offertes par les échevins. La bousculade est grande tout autour du couple royal car chacun veut admirer les ferrets qui parent la reine. Soudain, une bouche gourmande, aux lèvres humides, s'approche, doucement, de l'oreille de d'Artagnan.

– Surtout, ne me regarde pas, pas encore, Charles de Batz-Castelmore.

Le cadet aux gardes tressaille. Cette voix, il la reconnaît, c'est celle de la baronne de Scheffield. Trop grandes sont sa surprise, et la joie qui l'envahit : le soldat se retourne, et il a juste le temps d'apercevoir la jeune femme, le visage couvert d'un loup de velours noir, qui s'éloigne et disparaît dans la foule des courtisans.

Le cadet aux gardes veut s'élancer à la poursuite de Milady de Winter, mais, soudain, une clameur se fait entendre du côté de l'entrée de la grande salle. D'abord, le Gascon ne comprend pas la raison du tumulte, ni ne peut saisir le sens des cris qui viennent jusqu'à lui, puis, le flot enturbanné et emplumé des danseurs s'écarte. Et d'Artagnan se trouve, soudain, face au plus saisissant spectacle qui soit.

Et, devant Buckingham, nu et ébahi, Deborah décide, une bonne fois pour toutes, de venger l'honneur de toutes celles qui ont été jouées par le favori. Loin de se contenter, pour prix de son congédiement, de prendre la broche sertie d'émeraudes qui lui est offerte, l'actrice du théâtre de la Boule d'Or se saisit du petit flacon d'encre rouge, si rouge, et absolument indélébile. Sa Grâce n'a pas le temps de s'enfuir, ni même de protéger la partie, d'ordinaire très secrète, de son corps qu'il a, de manière imprudente, laissée ainsi exposée. Il aura tout le loisir, à présent, d'expliquer à ses futures conquêtes l'origine de la ressemblance qu'il présente désormais avec l'enseigne de l'établissement tenu par la sœur de la comédienne, l'audacieuse Wet-Wet-Gladys, le Singe Rouge.

M. de Tréville proteste. Tout, le vieux capitaine a tout mis en œuvre pour obéir à celle qu'il aime depuis si longtemps. Mais tel ne paraît pas être l'avis de Marie de Médicis. Puisque la reine semble, contre toute attente, et sans doute grâce à l'intervention du Ciel, pouvoir se soustraire à sa juste vengeance, c'est sur le vieux capitaine que la douairière passera sa colère, qu'il tremble dès à présent, ce maladroit, cet incapable ! La reine mère ouvre un lourd coffre cerclé de cuivre, saisit avec délicatesse une poignée d'ivoire permettant de manipuler avec aisance des lanières de cuir fines et résistantes. M. de Tréville comprend alors, résigné, qu'il ne va pas rentrer tout de suite à son hôtel.

Parce qu'elles savent s'y prendre avec les soldats, qu'ils soient anglais, français ou autres, les pensionnaires du Singe Rouge viennent très facilement à bout des gardes chargés de défendre et de protéger les abords de l'hôtel de ville. Et, quelques instants plus tard, devant les courtisans horrifiés, se tient, ravie de se trouver là et d'être l'objet de tous les regards de tant de personnes de qualité, la patronne de l'auberge du Singe Rouge, la belle Wet-Wet-Gladys, venue se venger d'Athos qu'elle ne parvient pas à oublier. Outre le costume qu'elle porte habituellement à l'intérieur de son établissement, assez peu de choses en vérité, la troublante Anglaise est parée de bijoux en tous points semblables aux ferrets, splendides, éblouissants, de la reine de France et de Navarre.

– Faites sortir cette ribaude, s'écrie le capitaine des gardes.

Louis XIII, quant à lui, ne distingue pas bien la personne en question. Délaissant Mme la Première présidente, il fait un pas en avant, mais Anne d'Autriche, elle, a eu le temps d'apercevoir la nouvelle venue. Les nerfs de la pauvre souveraine sont, depuis trop longtemps, soumis à des épreuves qu'aucune jeune femme ne saurait supporter sans préjudice. Aussi, l'épouse du roi s'évanouit-elle sur-le-champ. Quant à Wet-Wet-Gladys, à peine a-t-elle reconnu, au loin, Athos, que son désir de vengeance s'évanouit aussitôt. Inutile, donc, de faire signe à ses amis et de libérer les renardeaux rendus furieux par un jeûne forcé et qui attendent, dans des couffins, au bas de l'escalier d'honneur.

La scène est à ce point irréelle que l'ordre du capitaine des gardes n'a pas encore reçu l'esquisse même de son exécution, aussi, le militaire est-il obligé de renouveler son commandement. Quelques soldats font mine de s'approcher de l'Anglaise lorsque, soudain, surgi d'on ne sait où, arrive un escadron de charme propre à désarmer la troupe la plus féroce des militaires les plus déterminés, la compagnie au grand complet de la taverne du Singe Rouge : Diana-The-Milky-Cow, Theresa-Naked-Teets, Tamering-Frida et Hairy-Dolores, très amusées d'être là, puis, à quelques pas derrière, Get-Me-Horny-Suzy et Whipping-Winnie, beaucoup plus intimidées que leurs compagnes, Nancy-Fussy-Pussy et Screaming-Shirley, se tenant par la taille, ainsi que Big-Boobs-Betty et Sticky-Suzy, déjà ivres mortes.

Toutes ces jeunes femmes, parce qu'elles admirent, ardemment, leur patronne et bienfaitrice, portent des ferrets, de verroterie, mais des ferrets quand même, qui leur confèrent un assez grand air, pour des courtisanes tout droit arrivées de Londres.

Le très chaste, le très pudibond roi de France et de Navarre comprend alors que Dieu a décidé de le soumettre, lui et son royaume, à la plus terrible des épreuves, sous la forme de démones probablement envoyées sur terre pour renouveler les grands fléaux bibliques. Sans doute, pense le monarque, parce qu'il a commis la faute de soupçonner son épouse, la plus fidèle, peut-être, de toutes les reines qui se sont succédé sur le trône de France. Alors, le roi se met à prier, sans plus s'occuper des efforts en vain déployés par le capitaine des gardes, incapable de se faire obéir par des soldats déjà gagnés corps et âme, à la cause des pensionnaires du Singe Rouge, et il ne prête pas davantage attention au mouvement de panique auquel cèdent les courtisans, sans plus s'occuper du sort de la reine que ses familiers emportent, à demi morte, dans les salons parfumés qui lui sont réservés. Que la sainte volonté de Dieu, tout-puissant et très miséricordieux, s'accomplisse.

Les soldats qui, ce soir, étaient préposés au service du roi de France et de Navarre, ne sont guère de force à résister aux charmes des pensionnaires du Singe Rouge, qui, elles, sont de taille, et possèdent l'expérience suffisante, pour entrer en conversation avec plusieurs de ces militaires dont la plupart ont déjà déposé leurs armes pour être plus à leur aise et sont désormais soucieux de continuer la soirée de la plus agréable manière, car pourquoi les grands auraient-ils le droit, seuls, de s'amuser ?

D'Artagnan, lui, sait que tout ceci va sans doute très mal se terminer et que, lorsque tout sera rentré dans l'ordre, le gouverneur de la Bastille risque fort d'être obligé de refuser du monde, et que, parmi ses futurs pensionnaires, outre l'inconsciente Wet-Wet-Gladys et ses compagnes, se trouvera sans doute un cadet de Gascogne qui se croyait promis à un bel avenir. Alors, afin de mieux savourer une liberté qu'il sait lui être désormais comptée, le jeune cadet de Gascogne se met, au beau milieu de la bousculade qui emplit les salons de l'hôtel de ville, à la recherche de la jeune femme parée du loup de velours noir, Milady de Winter.

La quête du militaire n'est pas longue, cette fois, car le masque l'attend, dans un passage. Le militaire, pour accroître le plaisir qu'il sait proche, a bu, en passant près de l'un des buffets, une pleine coupe du meilleur des vins. Ensuite, le cadet aux gardes se laisse entraîner par le masque dans l'un des salons retirés où vont se perdre ceux des couples qui ne se soucient plus du plus incroyable des scandales qu'a jamais connus la cour de France.

Ensuite, abandonné à une douce ivresse qui peu à peu engourdit son esprit de la manière la plus agréable qui soit, Charles de Batz-Castelmore se laisse dévêtir tandis que ses mains, fébriles mais maladroites, délacent la robe de sa jeune partenaire. Enfin, le loup de velours glisse, et apparaît, dans la mouvante clarté des bougies, le superbe visage de Milady de Winter. Milady de Winter qui est, d'Artagnan le sait, la plus insatiable des amantes et la récompense, sublime et inestimable, de tous ses malheurs.

– Charles, buvez encore un peu, je vous prie.

Ramenée d'urgence au Louvre, sur l'ordre de ses médecins, dans un carrosse lancé à toute allure sur le pavé glissant, la souveraine, exténuée, brisée de fatigue, parvenue au bout de toute l'angoisse qu'une femme peut endurer, regarde, sans bien comprendre, les bijoux que ses dames rangent dans le fameux coffret de bois de rose. Tandis que ses femmes la dévêtent, et afin d'occuper son esprit qui risquerait autrement de sombrer dans la folie, Anne d'Autriche s'efforce d'imaginer les tourments qui ont sans doute été ceux de George Villiers, duc de Buckingham. Le pauvre cher être aimé a dû, lui aussi, vivre sur des charbons ardents, à la pensée que la reine de France bravait mille dangers, oui, il faut à la reine, dès que possible, et à présent que le bal de la Merlaison est passé, et pour mieux oublier cette épouvantable soirée, retourner au favori du roi d'Angleterre les douze ferrets, pour que celui-ci sache que rien ni personne ne peut s'opposer à ce que s'accomplisse la plus grande histoire d'amour que le monde ait connue depuis la nuit des temps.

Quant à Mme de Chevreuse, décidée à recouvrer coûte que coûte la confiance que sa reine plaçait auparavant en sa personne, elle est bien décidée à aller trouver Sa Majesté et à aller lui raconter de quelle manière le capitaine des gardes suisses qui gardent cette partie du Vieux Louvre l'a ensorcelée, malgré elle, sans doute parce que ce protestant connaît la manière, en invoquant le démon, de tourner la tête d'une des plus fidèles servantes de Sa Sainteté le Pape.

Louise-Félicité est éperdue de bonheur. Douze. Douze bijoux pour elle toute seule. Depuis le jour où elle a aperçu, par une fenêtre demeurée ouverte, les joyaux de la reine de France, elle en rêvait chaque nuit. Il y a peu, les joyaux ont disparu, Louise-Félicité ne savait où et pourquoi, mais aujourd'hui, ils sont réapparus, la chaîne était mal attachée, et la porte mal refermée. Alors, la jeune guenon apprivoisée a décidé de tenter sa chance, lorsque la reine est revenue... Et maintenant, les bijoux sont siens. Pour le moment, Louise-Félicité va les cacher là où personne ne pourra les trouver, sous le rebord de la fenêtre, et, dès que l'occasion s'en présentera, Louise-Félicité ira dérober la belle couronne du roi de France. Après, elle tâchera de monter sur un des bateaux qui passent sur le grand fleuve, en contrebas du palais. Tous ces trophées rutilants, elle les rapportera en Afrique. Là où son amoureux, elle le sait, l'attend, au cœur de la forêt vierge sombre et humide. Ensemble, somptueusement parés, semblables à deux de ces divinités que la guenon Louise-Félicité a déjà admirées dans les églises de ce pays étrange, ils régneront sur le peuple des singes de la jungle.

Dans son palais de Londres, la reine Henriette de France, l'épouse du roi Charles d'Angleterre, ignorante des événements qui se sont récemment déroulés en Angleterre et en France, supplie, conjure le duc de Mafra, l'ambassadeur du roi du Portugal, de quitter sa chambre avant que l'alerte soit donnée. Afin de convaincre, au plus vite, son amant de prendre la fuite, la souveraine se saisit, vite, de la broche à douze branches, de très grand prix, des émeraudes superbes, sans pareilles, que lui a récemment offerte son époux le roi Charles et l'offre au duc portugais en témoignage de sa passion. Au même moment, Sa Majesté Charles Ier, roi d'Angleterre, promet à la belle et rieuse Deborah, qui se regarde, nue, dans le grand miroir de la chambre du monarque, de lui offrir la broche aux pierres vertes.

Les doigts de d'Artagnan glissent le long du corps ferme et souple de la belle espionne. Mais, pense le militaire, peut-être la troublante jeune femme est-elle la personne qui, depuis le départ du cadet aux gardes pour Londres, a tout mis en œuvre pour faire échouer sa mission, et obéir ainsi en tous points à la volonté impérieuse de Marie de Médicis ? Bah, qu'importe, à présent, que Milady soit une traîtresse.

Les caresses de l'aristocrate anglaise se font plus précises et s'approchent maintenant très près de la cible recherchée. D'Artagnan, bien décidé à se donner tout entier à cette nuit et à cette étreinte qui commence, a bien d'autres choses en tête. D'autant que le cadet aux gardes, déjà porté au seuil du plaisir, ne saisit tout d'abord pas, tant sont grandes et vives son envie et sa passion, la réelle nature de ce que sa main ardente presse et câline et qu'il n'aurait jamais pensé un jour caresser, du moins sur un autre corps que le sien.

Un nouveau geste, afin de ne pas laisser de place à l'incertitude et, soudain, mais très en retard, d'Artagnan comprend alors tout, empli d'effroi, englouti sous une chape d'horreur, submergé par la stupéfaction, tandis que s'ouvre sous ses pieds un abîme insondable et que le dégoût le saisit en une vague déferlante d'écœurement et d'aversion, qui s'attarde notamment dans la partie médiane de son corps.

Car ce corps, d'Artagnan sait qu'il l'a déjà aimé

par deux fois, la première, sous les ors de Buckingham Mansion et l'emprise des vapeurs d'un vin mêlé d'un philtre sans doute destiné à troubler son jugement, la seconde sur le grabat infesté de punaises d'une auberge misérable, la raison également égarée par un breuvage aux vertus engourdissantes, du moins pour l'esprit. Et le jeune Gascon réalise aujourd'hui que la personne propriétaire de ce corps devrait, selon toute logique, être plutôt appelée Lord que Milady de Winter.

Oui, le cadet aux gardes sait que l'être qui se trouve entre ses bras est l'homme qui, tout dévoué à la cause de la vieille reine Marie de Médicis, a promis de causer sa perte, a juré de lui tracer une croix sur le front lorsqu'il aura achevé, afin de satisfaire ses instincts débauchés, de profiter de toutes les ressources que lui offre une union contre nature et que ses sens dépravés réclament.

Le cadet aux gardes voudrait se débattre, lutter, partir, mais ne le peut pas, tant est grande la puissance de la décoction ingurgitée à la demande de l'homme qui l'embrasse, l'homme, justement, à présent occupé à aimer ce corps et à s'en faire aimer, ce corps dont il a toujours fait ce qu'il a voulu lorsqu'il l'a désiré, ce corps qui est prêt à le satisfaire une nouvelle fois.

Tandis que d'Artagnan sent basculer son esprit dans un monde dont on ne revient pas, l'homme se demande déjà dans combien de temps, en tuant le cadet aux gardes, il mettra un terme à cette jeune vie fougueuse, ce qui lui procurera, il le sait, une jouissance bien plus grande encore que celle qu'il s'apprête à connaître d'un instant à l'autre, et pense que, oui, il tuerait bien, encore une fois, parce que, vraiment il aime cela.

Et puis, un nouveau cadavre, après ceux de son père, de la sage-femme qui l'a mis au monde, du patron de l'auberge de *La Reine Morte*, du jeune mousse, de Margaret Higgins et du concierge du palais de Buckingham, de Tom Higgins et de la marquise Verena de Northumberland, de l'un des innombrables valets de la reine de France, de Rochefort, de Constance Bonacieux, enfin, cela fera douze, ce qui est sans doute à sa portée, si le destin lui est une nouvelle fois favorable. Un être assassiné pour chacun de ces ferrets dont l'homme se promet que, un jour, ils seront siens. C'est amusant.

Les Reines du Crime

Nouvelles venues ou spécialistes incontestées, les grandes dames du roman policier dans leurs meilleures œuvres.

2151 Et vous me trouverez bien mort
2187 Omelette canadienne

NATSUKI Shizuko
1959 La promesse de l'ombre
(Prix du Roman d'Aventures 1989)
2039 Hara-Kiri, mon amour

NIELSEN Helen
1873 Pas de fleurs d'oranger

PARETSKY Sara
2103 Qui s'y frotte s'y brûle
2136 Sous le feu des protecteurs
2148 Une médecine pas si douce
2182 Un clergé pas très régulier

RADLEY Sheila
2058 A tous les coups l'on perd

RENDELL Ruth
1501 Fantasmes
1521 Le pasteur détective
1532 L'Analphabète
1563 L'enveloppe mauve
1589 Etrange créature
1601 Le petit été de la Saint-Luke
1616 Reviens-moi
1629 La banque ferme à midi
1640 Un amour importun
1649 Le lac des ténèbres
1661 L'inspecteur Wexford
1688 Le maître de la lande
1718 La fille qui venait de loin
1747 La fièvre dans le sang
1815 Morts croisées
1866 Les corbeaux entre eux
1951 Une amie qui vous veut du bien
1965 La danse de Salomé
1978 La police conduit le deuil
1989 La maison de la mort
2000 Le jeune homme et la mort
2015 Meurtre indexé
2036 Les désarrois du Professeur Sanders

RICE Craig
1835 Maman déteste la police
1862 Justus, Malone & Co
1899 Malone cherche le 114
1962 Malone met le nain au violon
2167 Malone à Manhattan

RUTLEDGE Nancy
1830 La femme de César

SAINT-CLAIR Valérie
2156 Sous l'épée de Damoclès

SIMPSON Dorothy
1852 Feu le mari de madame

TEY Josephine
2094 Jeune et innocent
2137 En trompe l'œil
2179 Le monogramme de perles

THOMSON June
1857 Finch se jette à l'eau
1948 Dans la plus stricte intimité
1995 Bouillon de minuit
2153 Les carnets secrets de Sherlock Holmes

UHNAK Dorothy
2093 Le Registre
2109 La main à l'appât
2152 Un très mauvais souvenir
2197 Témoin à décharge

ULLMAN A. & FLETCHER L.
2075 Raccrochez, c'est une erreur
2207 L'homme de la nuit

Les Intégrales du Masque

BUCHAN John
tome 1

CARR J.D.
tome 1 Dr Fell 1 1933-1935
tome 2 Dr Fell 2 1935-1939
tome 3 Merrivale 1

CHRISTIE Agatha
tome 1 Les années 1920-1925
tome 2 Les années 1926-1930
tome 3 Les années 1930-1933
tome 4 Les années 1934-1935
tome 5 Les années 1936-1937
tome 6 Les années 1938-1940
tome 7 Les années 1940-1944

DELACORTA
tome 1

DEMOUZON
tome 1

EXBRAYAT
tome 1 Les Imogène
tome 2 Les Tarchinini
tome 3 Le tour d'Europe

GOODIS David
tome 1
tome 2

HIGGINS Jack
tome 1

HITCHCOCK Alfred
tome 1

MORTON Anthony
tome 1 Le Baron 1
tome 2 Le Baron 2

RENDELL Ruth
tome 1 Les Wexford
tome 2 Les années 1965-1979
tome 3 Les Wexford/2

RICE Craig
tome 1

STEEMAN
tome 1
tome 2
tome 3

VÉRY Pierre
tome 1
tome 2

IMPRIMÉ EN FRANCE PAR BRODARD ET TAUPIN
Usine de La Flèche (Sarthe).
ISBN : 2 - 7024 - 2676 - X
ISSN : 0768 - 1089

H 52/0847/5